Ingrid Heinen-Greubel

Heilung der Gedanken

Ingrid Heinen-Greubel

Heilung der Gedanken

Buch & Kunstverlag Heinen-Greubel, Berlin

Fritschestraße 27
1000 Berlin 10
Umschlagentwurf
und sämtliche Zeichnungen: Horst Rausch
Gesamtherstellung: MovimentoDruck, Berlin

Einzelexemplare dieses Buchs können bestellt werden durch Einsendung von DM 17,- (DM 15,- + 2,- DM Versandkosten) als Postanweisung, per Verrechnungsscheck oder in Briefmarken.

Inhalt

Einleitung	8
Seid doch großzügig...	10
Gedankliche Nahrung	12
Keine Angst vor Problemen	14
Einstellung zum Geld	15
Sicherheit, gibt's die?	17
Perestroika der Gedanken	21
In Gedanken kreativ sein	23
Unpersönlich - Loslassen -	25
Bedürfnis nach geistiger Nahrung	26
Gedankenanalyse	29
Die Wandlung der Gedanken hat schon begonnen	31
Drei Engel in der DDR	32
Noch eine „Panne"	34
Soforthilfe durch Gedanken	35
Der homöopathische Blick	36
Das angeborene Denkmuster	38
Gedanken zur Arbeit	40
Warum es heller wird	41
Der Erstgedanke erfüllt uns	43
Zeitgleich denken	45

Tröster und heiliger Geist	46
Menschlicher und Göttlicher Geist	50
Talente sind verliehene Geistesgaben	52
Das einmalige Heute	54
Wenn Gedanken Räume füllen	55
Gedanken und Ausstrahlung	58
Der heilende und helfende Geist	59
Was der Mensch alles trennt...	61
Die gefälschte Unterschrift	63
Unser Geist kennt die Wahrheit	65
Verborgene Kreativität	67
Gedanken und Partnerschaft	68
Die ungenutzte Energie	70
Von den zwei Zeugen	72
Das neue „Du“	74
Glück, eine Frage der Einstellung	77
Das Himmelreich ist nicht arm	78
Im Kosmos gibt es keine Leere	80
Der 9. November 1989	83
Michail Gorbatschow gibt das Beispiel	84
Was nicht in den Tageszeitungen steht	87

Schuldgedanken 88

Gedanken über Tod und Leben 90

Gott ist Liebe 93

Einleitung

Die Arbeit mit meinem Geist begann vor mehr als 20 Jahren. Unwissend, wie ich damals war, aber überzeugt, mein Leben fest im Griff zu haben, lagen meine Pläne in blühender Phantasie gedanklich vor mir.

Bis ich in der totalen Sackgasse landete, zwei Kinder, wenig Geld und die Scheidung in Sicht.

Als mir die Ausweglosigkeit bewußt war, blieb nur noch ein Gedanke übrig. Tiefer kann ich nicht mehr fallen, jetzt lasse ich einfach alles los. Ich beschloß, daß alles was sein soll, auf mich zukommen wird. Ich hörte auf zu forcieren, was mir anfangs nicht leicht fiel. Es gab keinerlei Selbstverwirklichungs-Workshops oder andere Zufluchtsorte, wo ich mich hätte hinwenden können. Meine bisherigen Berufe begeisterten mich nicht.

Nun, da ich notgedrungen, eine völlig neue Einstellung zu leben begann, erhielt ich die ersten Zeichen aus der unsichtbaren Welt, ohne es zu merken.

Zurückblickend fügt sich dennoch ein Steinchen zum anderen und inzwischen weiß ich, das im Moment meines Loslassens die geistige Welt die Führung übernommen hat. Das zu begreifen und zu durchschauen, hat Jahre gedauert.

Es gab noch und noch Rückfälle, Vertrauensbrüche, ungewisse Situationen, die mir unter die Haut gingen.

Endlich hatte ich gelernt hatte, nach fast 25 Jahren, daß es nur darauf ankommt, mir meines innewohnenden allwissenden Geistes bewußt zu sein und ihm die Sorgen und Probleme, auch des Alltags, zu übergeben. Meine täglich anfallende Arbeit wurde mir dadurch wesentlich erleichtert. Diese Verbindung, auch Geistesgegenwart, hat mich frei gemacht von Angst und Sorge um den nächsten Tag.

Heute gebe ich meine Probleme sofort „nach oben", meinem Geist, der sie jedesmal auf geniale, für mich unvorhersehbare Weise, ohne jemanden zu verletzen, löst.

Seid doch großzügig...

Dieses einfache Wort rufen uns die geistigen Lehrer zu, weil sie wissen, was sich dahinter verbirgt und wie sich unser Leben schlagartig ändert, wenn wir darauf hören.

Wer mit geistigen Meistern nicht allzuviel anfangen kann, der hat vielleicht in seiner Kindheit Märchen gelesen und sich kaum gewundert, wenn dort das Gute belohnt und das Böse bestraft wurde. Wie im Märchen, so wirken auch im Leben karmische, sprich Naturgesetze, die wir logisch finden. Dabei tauchen „neue" Worte auf, fast eine andere Sprache, die nicht jeder gleich versteht. Wer sich mit spiritueller Literatur beschäftigt, findet diese andere Ausdrucksweise nicht ungewöhnlich. Durch Wiederholung hellhörig gemacht, entdecken wir nicht selten in alltäglichen Berichten in Funk und Fernsehen diese neuen Sprach- und Denkansätze.

Mit großzügigem Denken können wir in jeder Beziehung Akzente setzen, die alte, nicht mehr zeitgemäße Verhaltensmuster ablösen helfen und allmählich zu einer neuen Form der zwischenmenschlichen Begegnung führen.

Die größten „Feinde" dieses neuen Bewußtseins sind Rechthaberei, Intoleranz und Pedanterie. Daß jeder Mensch seine eigene Meinung hat, ist sein individuelles Recht und dies soll ihm nicht genommen werden. Denn jeder muß seinen Weg alleine gehen mit den notwendigen Lehren und Erfahrungen. Es ist müßig, sich über Meinungen zu streiten; es kostet zuviel Energie und am Ende ist keiner klüger als vorher, nur erschöpfter.

Austausch von Gedanken wäre ideal, vom anderen lernen, sich gegenseitig helfen und anregen. Und nicht nur national sondern weit über die Grenzen, international. Dann sind wir Deutschen nicht mehr zu deutsch, die Franzosen nicht mehr zu französisch und die Polen nicht mehr zu polnisch. Wenn jeder vom anderen lernt, ihm hilft, indem er sein Bestes gibt, wäre das der verwirklichte Traum von der himmlisch-irdischen Völkerfamilie. Nur ein Traum?

Die geistige Welt denkt genialer: sie kennt unsere Mentalität, unsere Schwächen und Stärken und benutzt ihre, uns meist unverständlichen, Methoden, um etwas auf dieser Erde zu bewirken. Eingeweihte aller Zeiten erkannten die Zusammenhänge, oben – unten, Mikrokosmos – Makrokosmos, mußten aber ihr Wissen für sich behalten, oder durften nur verschlüsselt-symbolhaft und geschützt vor Vernichtung, etwas mitteilen.

Gedankliche Nahrung

Den ganzen Tag über wird gedacht, laut und leise, von allen Völkern und Nationen dieser Erde. Bildlich entstehen dadurch harmonische und weniger harmonische Wellen, die jeweils dort aufgefangen werden, wo sich in dem Moment ein Nährboden befindet.

Denken wir gleich morgens beim Erwachen, dankbar und liebevoll, so erfüllen wir uns und andere mit entsprechender, pulsierender Energie. Diese allmorgendliche Entscheidung bleibt jedem selbst überlassen. Wählen wir also das Licht, so laden wir damit unsere Zellen im gesamten Organismus spürbar auf. Der Tag beginnt lichter und Probleme lösen sich leichter.

Viele meinen, ja, aber das Elend ist doch auch da. Gewiß, und wir sollen es auch nicht verdrängen. Indem wir uns aber gedanklich mit dem Elend beschäftigen, bauen wir gleichzeitig lebenswichtige Energie ab und sorgen dafür, daß das Elend in der Welt bleibt. Denn es braucht Nahrung, um existieren zu können. Unser freier Wille entscheidet also, wem wir gedankliche Nahrung zukommen lassen.

Ebenso beeinflussen wir das schon vorhandene Lichtvolle und Positive durch Gedanken, das dadurch wächst und uns sofort mit dieser spürbar wohltuenden Energie auflädt. Die unbeschreibliche kosmische Energie, die jedem zur Verfügung steht, wird täglich von mehr Menschen benutzt. Nicht nur, um sich selbst zu helfen sondern für die ganze Welt heilende, durch Gedanken in Bewegung gebrachte, Kräfte zu aktivieren. Es ist nicht mehr nötig, sich die Finger wund zu schreiben, wenn wir am anderen Ende der Erde etwas erreichen wollen, es genügt und wirkt intensiver, wenn wir meditieren und jeweils an den betreffenden Brennpunkt konzentrierte Lichtgedanken senden. Diese Gedanken kommen an und wirken durch einen Impuls, ohne daß der Empfänger weiß, warum er plötzlich anders entscheidet als er sich vorgenommen hatte.

So können wir alle, jeder für sich, und doch miteinander, langsam einen neuen Himmel und eine neue Erde, durch bewußteres und heilendes Denken, verwirklichen. Rückwirkungen und Bestätigungen gibt es täglich und hat es besonders seit den Ereignissen im November 1989, unzählige gegeben. Es ist nicht egal, was jeder einzelne denkt, im Gegenteil, das individuelle Leben und das Leben der Gemeinschaft hängen davon ab.

Wer sich täglich mehrmals auf das Licht konzentriert, verwandelt allmählich auch seine eigenen Zellen und wird zum neuen Menschen, inmitten dieser alles erneuernden Zeit.

Keine Angst vor Problemen

Ich „glaube“ an garnichts, ich weiß aber, daß alles registriert wird. Wo? In meinem höheren Bewußtsein, das meine ganze Vergangenheit, auch die karmische, und sogar meine Zukunft bis in alle Ewigkeit, kennt.

Wenn ich also etwas wissen will, so versenke ich mich meditativ und verbinde mich mit meinem inneren Wissen. Meine letzten Zweifel bei der Lösung eines Problems entferne ich aus meinen Gedanken und ersetze sie durch vollkommenes Vertrauen in meinen allwissenden geistigen Helfer. Je öfter ich diese Übung mache, desto leichter fällt mir das Loslassen und ich muß mich nicht mehr tagelang mit einem ungelösten Problem, gedanklich martern.

Solange wir auf Erden leben, werden wir es mit Problemen, etwas „Vorgelegtem“ (lat.) zu tun haben. Probleme sind also Aufgaben und Chancen, etwas zu lernen, was wir noch nicht können. Wir sollten ein Problem nicht gleich als schlecht oder unüberwindbar betrachten, sondern uns freuen lernen, wie gut es die geistigen Brüder mit uns meinen. Astrologisch entspricht dieser Aspekt dem Planeten Saturn, der uns viel Zeit lässt, aber regelmäßig alle sieben Jahre wieder anklopft, und uns erinnern möchte an die noch nicht entdeckten „Pfunde“, die wir alle in uns tragen. Sozusagen als himmlische Mitgift.

Seit ich mich bedanke bei „Herrn“ Saturn, ist er gnädig und läßt mich das alles lernen, was noch in mir steckt, und was mir dann auch Spaß macht. „Denn mein Joch ist sanft, und meine Last ist leicht“, verspricht Jesus jedem Menschen im Mathäusevangelium.

Es wird uns immer dann geholfen, wenn wir den ersten Schritt selber tun, also das theoretische „wenn und aber“ überwunden haben. Die Arbeit beginnen heißt auch: Angst und Zweifel, die beiden irdischen Wegbegleiter, gedanklich abzuschütteln, und Platz zu schaffen für helle und helfende himmlische Geister, die guten Gedanken.

Jede Arbeit braucht Gedanken, liebevolle Energie, die sich mit dem „Werk“ verbindet. Jedes Tun wird so zur Freude, für uns und andere. Wunderbar verjüngt sich jede Zelle unseres Leibes, bildet nach und nach freundliche Strukturen, und indem sie uns verändern, wirken wir verändernd auf die Welt.

Einstellung zum Geld

Manchmal helfen nur Schock und Erschütterung, uns vom gewohnheitsmäßigen rund-um’s-Geld-Denken, abzubringen. Die Faszination des Geldes ist noch so stark, weil wir damit fast alles kaufen können, daß wir darüberhinaus beinahe die wirklichen Werte vergessen, die tief im Innern, geheimnisvoll und unentdeckt, ruhen.

Oft lassen wir uns durch verlockende Geldangebote dazu verleiten, eine Arbeit zu übernehmen die uns zwar interessiert, die uns aber nicht ausfüllt oder gar begeistert. Nach und nach entsteht die gewisse Leere, die uns traurig, gleichgültig oder sogar krank macht.

Festangelegte Gelder liegen fest. Sie geben uns die innere Sicherheit. Tun sie das wirklich? Oder halten sie uns ab vom eigentlichen Leben? Viele vegetieren nur. Das Wort „Geld“ hat bis auf den heutigen Tag nichts von seiner mächtigen Wirkung verloren. Wer sich trotzdem nicht mit dieser Energie identifiziert und weiß, daß er alles erhält, was er braucht, ohne daß er darum bitten muß, der ist ausgefüllt mit Gottvertrauen. Es gehört Mut dazu, dieser „unsichtbaren“ Kraft zu vertrauen.

Das zeitaltergemäße Wort „Großzügigkeit“ erkämpft sich einen Platz in unserer Gesellschaft, indem es die Zeitbeschleunigung benutzt. Viel Ballast, auch gedanklich, muß jetzt abgeworfen werden, jetzt muß schnell und menschlich überall da geholfen werden, wo Hilfe nötig ist. Gelegenheit dazu gibt es genug. Die Mauer ist gefallen, jetzt folgt die Bewährungsprobe. Die geistige Welt, unterstützt von Millionen Betender und Meditierender, greift jetzt ein, überall da, wo das Durchdringen der Lichtkräfte noch behindert wird. Wir können es täglich lesen und sehen, wie sich, oft übernacht, die Dinge zum Guten wenden. Alles nur Zufall? Jeder kann denken was er will, aber selbst nüchterne Realisten müssen zugeben, daß sie das Zeitgeschehen nicht mehr ganz fassen können.

Geld muß fließen wie jede andere Energie, je mehr in Bewegung ist, desto besser. Dann klopfen die Engel der Freude bei uns an, schreiben uns Briefchen, beschenken uns mit goldenem Licht, der umgewandelten Energie des Geldes.

Sicherheit, gibt's die?

Alle reden von Sicherheit. Und was tun sie dafür? Angefangen vom Gartenzaun bis zum persönlichen Sicherheitsbeamten ist alles vorhanden. Wurden deshalb Einbrüche, Überfälle, Attentate verhindert? Im Gegenteil.

Die finsteren Mächte schlafen nicht, sie „arbeiten" Tag und Nacht, verbünden sich, und werden stark. Haben sie Methode? Analog benutzen sie die uranischen Kräfte, in diesem Fall zerstörerische, explosionsartig wirkende, unsichtbare, unberechenbare Mittel. Wir wissen inzwischen, daß wir uns mit „altbewährten" Methoden nicht mehr

schützen können. Gibt es vielleicht schon neue, bisher nicht bekannte Wege und Lösungen, dieser unberechenbaren, weltweiten Gefahr, anders zu begegnen?

Der „Herr der Vorsicht“, Saturn, hat einen Helfer bekommen. Uranus, „Herr des Geistes, der Intuition und der himmlischen Liebe“. Aber er hat noch weitaus mehr Eigenschaften, die er uns kostenlos anbietet, die wir aber, teils aus Unwissenheit, teils aus Bequemlichkeit, ablehnen.

Solange die „New-Age-Bewegung“ verwechselt wird mit dem wirklichen Neuen, dem Goldenen Zeitalter, solange werden wir dieselben Fehler machen, wie die Menschen damals, vor rund zweitausend Jahren, die den Übergang ins Fische-Zeitalter erlebten; auch einem New-Age. Wer damals flexibel war, konnte überleben. Und die Römer? Waren sie nicht die Mächtigsten der Zeit? Selbst sie haben es nicht geschafft.

Bei Übergängen von Zeitaltern, Äonen, spielen Zeiträume wie hundert, oder zweihundert Jahre keine Rolle. In einer ähnlichen Übergangsphase befinden wir uns heute. Die Zeit als Energie erhält eine andere Qualität, und damit ein neues Element. Um es an einem Beispiel zu zeigen: Das vom Wasserelement geprägte Fische-Zeitalter brachte dazu passende, d.h. ihm entsprechende Gestaltung hervor. Schiffe, als wichtigste Verkehrsmittel beherrschten die Meere und Wasserstraßen. Niemand hätte sich damals träumen lassen, daß eines Tages der uns umgebende Luftraum diese Funktion weitgehend übernehmen könnte. Schon über hundert Jahre macht sich der neue Einfluß des Wassermann-Zeitalters, dem Element Luft zugeordnet, bemerkbar. Wir haben es mit einer unsichtbaren Energie, der luftigen oder spirituellen Energie, zu tun. Zur Abwehr wurde die Luft-Waffe neu erdacht. Hat sie uns gerettet? Wirklich retten können uns nur geistige Methoden, die uns überall und jederzeit zur Verfügung stehen.

In einem Satz: die Gewissheit, unsichtbar beschützt zu sein, auch ohne, daß wir darum bitten müssen. Es ist lediglich von Dank die Rede. Die neue Methode ist einfach: von morgens bis abends danken – in Gedanken – und sich aufgehoben und geborgen fühlen.

Perestroika der Gedanken

Wer den Mut hat, vorurteilslos die Bibel zu lesen, der wird staunen, was er alles entdeckt. Jesus von Nazareth war einfach und göttlich. Er durchschaute die damaligen Intellektuellen, die Pharisäer und Schriftgelehrten, die bis in unsere Zeit überlebt haben, gedanklich und meinungsweisend.

„Und ich sah einen neuen Himmel und eine neue Erde; denn der erste Himmel und die erste Erde verging, und das Meer ist nicht mehr." (Offenbarung des Johannes, Kap.21, Vers 1).

Spüren wir nicht deutlich, wie sich alles radikal verändert? Und, ist nicht in Michail Gorbatschow der Mensch des „Neuen Denkens" inkarniert, d.h. geboren, auch als Symbol für die ganze Welt? Seine Bücher werden überall gelesen, viele beten für ihn und die Verwirklichung seiner Idee. Gorbatschow benutzt Worte wie Perestroika und Glasnost, die von allen verstanden werden. Er schöpft ständig neue Worte, an die wir uns erst gewöhnen müssen, die aber energiegeladen und magnetisch sind. Er ist ein spiritueller Intellektueller, der die gesteuerte Stagnation erkannt hat. Er arbeitet mit der Zeit. Und diese Zeit wird jetzt beschleunigt. Beim Lesen der „Perestroika" werden wir an viele Bibelstellen erinnert, jedoch in einer neuen, zeitgemäßen Sprache. Was mich besonders an Michail Gorbatschow fasziniert, ist die Tatsache, daß er Ereignisse nicht aus dem Zusammenhang reißt, sondern sich die Zeit nimmt, Ursachen aufzudecken. So hat er damit begonnen, Licht in die weltweiten dunklen Kapitel der Historie zu bringen. Ein amerikanischer Journalist hat ihn, nach gründlicher Befragung, u.a. auch bezüglich Afghanistan, einen Lehrer des neuen Denkens genannt. Von sich selbst hat er gesagt: Er sei kein Mann der Macht. sondern ein Mann des Vertrauens.

Viele Menschen sind inspiriert, wagen es, hoffnungs- und liebevoller zu denken. Die geistige Welt wird dadurch unterstützt und kann auf ihre Weise wirken, unvorstellbar, nach menschlichem Ermessen. In allen Lebensbereichen sind kosmische Einflüsse an der Umgestaltung beteiligt. Unsere Massen-Medien (lat. Mittlerin, vermittelndes Element - merkurisch), senden auch Ungefiltertes, d.h. dienen nicht mehr selten als Sprach-Rohr der geistigen Quelle. Worte werden auch hier abgelöst und durch neue ersetzt. Junge Moderatoren haben damit keine Schwierigkeiten. Sie sind bereits die Kinder des Lichtes. Sie bekennen sich mutig und ohne Hemmungen zu ihrer geistigen Einstellung.

Aller Anfang ist leicht...

In Gedanken kreativ sein

Wer „denkt“, nicht kreativ zu sein, muß es erst einmal ausprobieren und darauf ankommen lassen. Das individuelle Horoskop zeigt oft eindeutige Aspekte, die weder bekannt noch vorstellbar waren. Ergibt sich dann eine Situation, wo wir gezwungen sind, zu improvisieren –“ etwas ohne Vorbereitung – auch aus Zeitmangel – aus dem Stegreif tun, (ital. improvvisare – improvviso = unvorhergesehen, unerwartet),“ so überlegen wir nicht lange, sondern tun es.

Aus dieser „zufälligen“ Notlage entsteht nicht selten der erste hinweisende Impuls, die verborgene Begabung doch noch zu realisieren.

Aber wie? Unsere bisherige Arbeit können wir nicht einfach hinwerfen. Das wäre unrealistisch, denn jedes Wachsen und jeder Neubeginn braucht die Zeit als helfende Energie. Wir haben aber jetzt bereits eine Perspektive, die uns das Verbleiben und Durchhalten an unserem Arbeitsplatz wesentlich erleichtert. Während wir uns langsam aus der einen (Atmo)-Sphäre lösen, beleben wir eine, unserem Element entsprechende andere. Erst, wenn all unsere Körperzellen durchdrungen sind von einem Tun, das uns erfüllt, ahnen wir den Sinn des Lebens.

Die vier Elemente, Feuer, Erde, Luft und Wasser, die uns mehr oder weniger beeinflussen – Orientierungshilfe Astrologie –, geben klare Hinweise, in welche Richtung wir geführt werden. Werden wir geführt? Skeptiker sind skeptisch. Eine angeborene oder angewöhnte Eigenschaft, die überwunden werden muß, wenn wir Fortschritte machen wollen. Eine nicht bestandene Prüfung z.B. ist symbolische Führung, auch ein Unfall, Verlust etc..

Symbole zu durchschauen und sich entsprechend zu verhalten, ist eine Kunst. Die unsichtbare Welt inszeniert pausenlos die raffiniertesten Geschichten, um uns auf den rechten Weg zu bringen. Wenn wir nur wüßten, wie liebevoll es die guten Geister mit uns meinen, würden wir dankbarer sein für die Lektionen, die wir nach unserer Meinung erleiden mußten. Auch diese lassen sich wiederum symbolisch vom Horoskop ablesen. Was verborgen bleiben soll, das bleibt verborgen. Denn gewisse Ur-Erfahrungen dürfen uns nicht erspart bleiben. Das Erkennen der großen Zusammenhänge von Ursache und Wirkung ist erst durch vollendete Tatsachen möglich.

Unpersönlich - Loslassen -

Wenn uns jemand beleidigt oder angreift, haben wir zwei Möglichkeiten, zu reagieren: entweder wir regen uns auf, nehmen es „persönlich“ oder vergegenwärtigen unser höheres Selbst, das weder materiell noch verletzbar ist. Es ist der unpersönliche Teil in uns.

Betrachten wir aus dieser Perspektive einmal die menschliche Gesellschaft, so erkennen wir in vielen Bereichen des täglichen Lebens ebenfalls diese unpersönliche Seite. Es ist uns nämlich lieber, im unpersönlichen Supermarkt, ungestört und ohne Einmischung einkaufen zu gehen, wo sich die Kommunikation bis auf das kurze „Danke“ an der Kasse weitgehend reduziert hat. Jeder möchte möglichst schnell und „reibungslos“ seine Sachen erledigen.

Wir wohnen als Städter – dicht an dicht–, reden kaum mehr als „guten Tag“ und wenn eine Omi mal stirbt ... nicht immer wird sie gleich entdeckt. Andererseits, wollen wir denn Teilnahme überhaupt noch? So, wie jedes Zeitalter seine individuelle Menschenart hervorgebracht hat, werden auch wir „Über-Lebenden“ geprägt von tiefgreifenden Konstellationen.

Mit welch intensivem Blick schauen uns heute unsere Babys an? Als würden sie bereits alles wissen, alles durchschauen. Wir Alten müssen uns, wollen wir wirklich leben, permanent anpassen, mit der Zeit gehen und aufgeschlossen bleiben.

Damit könnten wir der Jugend gedanklich schneller und wirkungsvoller helfen, als durch viele, gutgemeinte, aber auf Unverständnis stoßende Worte.

Unser göttlicher Geist, oder höheres Bewußtsein, weiß die richtige Lösung aller Probleme. Durch Loslassen unserer eigenwilligen Gedanken erreichen wir den jeweiligen „Zielpartner“ sofort und ohne Zeitverlust.

Das Problem abgeben, der Geistigen Welt überlassen, mit uneingeschränktem Vertrauen auf die beste Lösung. Das funktioniert und bleibt doch „unpersönlich“ in einem neuen Licht.

Bedürfnis nach geistiger Nahrung

„Denn mich verlangt, euch zu sehen, auf daß ich euch mitteile etwas von geistlicher Gabe, euch zu stärken,“ schrieb der heilige Paulus an die Römer.

Der Intellekt ist eine verliehene Geistesgabe und kann, wenn er sich mit dem heiligen Geist verbindet, wahre Wunder vollbringen. „Wunder“ geschehen immer dann, wenn wir aufhören unsere Probleme nur selbst lösen zu wollen. Dort, wo wir weder materiell, noch verbal oder sonstwie eingreifen

RESTAUR

können, sind wir schnell am Ende mit unserem Latein. Da hilft dann der uns stärkende Geist auf seine Weise und wir stehen vor einer wundervollen Lösung.

Denken wir aber zurück, so erinnern wir uns an diese oder jene wunderbare Rettung aus Gefahr und Not. Damals haben wir darüber weiter nicht nachgedacht, das Bewußtsein für derartige Dinge reift erst allmählich heran. Alles braucht seine Zeit.

In den großen Städten herrschen andere Bedingungen als auf dem Lande. Als Berlinerin kann ich nur das schreiben, was ich hier empfinde: mit einem Wort „Pluto“, d.h. auf der einen Seite Dauerstress, Lärm, schlechte Luft, anonyme Masse, und im gleichen Moment: Wandlung, blitzschnelle Verständigung auf einer Wellenlänge, Lichtimpulse überall, Gedankenübertragung. Dieses Zweierlei erleben wir täglich, die Kunst Balance zu halten, weder hier noch dort verausgaben und immer wieder aufladen durch individuelle Meditation, ist ungeschriebenes Gesetz. Berlin ist eine harte Schule. Wer dieses Tempo durchhält, den kann so leicht nichts mehr erschüttern. Und jeder Einzelne trägt dazu bei, die Atmosphäre langsam zu verwandeln. Da wo wir uns befinden, haben wir genug Gelegenheit, durch kleine Gesten, Freundlichkeit und etwas mehr Geduld – in der Stadt noch selten – unsere tägliche Umgebung zu verändern.

Der gestirnte Himmel macht's möglich, daß wir alle, ob alt oder jung, offener und empfänglicher werden für Lichtimpulse, Augen-Blicke, nonverbale wohlwollende Kommunikation. Geistige Nahrung auf dem Markt? Warum nicht! Anregende teilnehmende Worte schnell unterwegs.

Gedankenanalyse

Ein neuer Beruf: Gedankenanalytiker! Nachdem wir in der Lage sind, alles materielle zu analysieren und einzuordnen, müssen wir feststellen, daß es noch tiefere Bereiche im Menschen gibt, die Ursache seiner Leiden sind.

Wie erfahren wir auf den ersten Blick etwas über die Gedanken eines Menschen? Nicht jeder ist fähig, intuitiv Gedanken zu lesen. Um wirklich sicher zu sein und eine Bestätigung der Vermutung zu erhalten, wie und warum jemand so oder so denkt, genügt zunächst der Blick ins Auge, dann ins Horoskop. Solange ein Mensch seine angeborene Denkweise, die ihn trotz vieler Überlegungen nicht weiterkommen läßt, nicht ändert, bzw. transformiert, wird er vergebens hierhin und dorthin laufen, in der Hoffnung auf materielle Hilfe.

Die Ursache der Leiden liegt meist tief im feinstofflichen Gedankenbereich verborgen und eine nur materielle Hilfe bedeutet keine langfristige Heilung. Die Bereitschaft zur Gedankentransformation erfordert die „Opferung“ eines Teils unserer geliebten Persönlichkeit. Dieses Umwandeln unseres „nur“ irdischen Ichs in eine höhere, transzendentere Ichform, kostet übermenschliche Überwindung. Doch nur dieses Lösen bringt Erlösung.

Läßt sich das lernen? Es läßt sich üben wie das Einmaleins und eines Tages benutzen wir das neue Denken genauso selbstverständlich wie vorher das für diese Zeit unbrauchbar gewordene.

Dann öffnet sich unser Herz wie eine blühende Blume, Schönheit und Hingabe ausstrahlend, nicht länger Nehmender, sondern zu den Gebenden zählend. Nach all diesen schwierigen Reinigungsprozeduren erwacht der Mensch mit neuem Bewußtsein zum lebendigen Leben, in der Vereinigung von Materie, Intellekt und heiligem Geist. Dieser, in jedem Menschen inkarnierte heilige, allwissende Geist ist uns als irdische Hilfe mitgegeben zur Erinnerung an die Zeit, in der wir mit dem Himmel noch bewußt verbunden waren.

Den Himmel auf Erden haben, träumen wie im Paradies, im Einklang mit dem Unendlichen und seinen Schwingungen; das wird wahr, allein durch einen Gedanken: „Es wird zu unserem besten.“

Die Wandlung der Gedanken hat schon begonnen

Ganz allmählich verändern sich unsere Eßgewohnheiten und gleichzeitig unsere Zellen und Gedanken. Wir erleben pausenlos Gedankengeburten; würden wir sie jedesmal in die Tat umsetzen, sähe es auf der Welt noch finsterer aus. Die Medien berichten an erster Stelle über alle nur denkbaren Katastrophen; der Tag ist aber schon da, an dem eine frohe Botschaft der anderen folgt. Heute, am 5. Dezember 1989 wurde der Visum- und Umtauschzwang aufgehoben. Viele haben damit gerechnet, sie gaben dieser Idee die Nahrung.

Es kommt immer darauf an, welchem Thema wir uns gekanklich zuwenden und es dadurch „ernähren"; je mehr wir den auch vorhandenen lichtvollen Seiten der Erde Gedankenenergie senden, desto leichter ist deren Verwirklichung. Dann materialisieren sich göttliche Werkzeuge, Politiker, Journalisten etc., die inspiriert von der hohen Schwingung, mit Kopf und Herz arbeiten, zum eigenen und dem Wohl der Menschen.

Die Freiheit, Sieg des Geistes, ist eine geistige Ebene des Bewußtseins. Ein entscheidender Punkt in der menschlichen Entwicklung. Feinstoffliche Empfindungen für eine gewisse Atmosphäre oder Schwingung, das Fühlen von Harmonie und

Schönheit, gehören, wenn auch oft noch unbewußt, zum täglichen Leben in dieser Zeit. Die sanfte Revolution des Denkens, die auf allen „Gipfeln" jahrtausendealte eingeübte diplomatische Verhaltensweisen ablöst, ist ebenfalls ein Zeichen dafür, daß die „breite Masse" angefangen hat, menschlicher zu denken. Das konkrete, mutige Beispiel dieser Erneuerung gaben uns Leipzig, Dresden und viele andere Städte in der DDR. Hier gingen alle auf die Straßen, mit Kerzen in den Händen, voller Mut und Vertrauen, aber dennoch zitternd vor Angst. Sie haben es geschafft! Die Stunde der Wahrheit hat geschlagen. Wer jetzt durch die DDR in Richtung Westen fährt, der kann die wiedergewonnene Freiheit atmen.

Drei Engel in der DDR

Einen etwas leichtsinnigen Optimismus hatte ich schon immer. Wäre ich ein Pessimist, hätte ich keine Heilpraxis in der dritten Etage Altbau eröffnet. Ich dachte damals, ach es wird schon werden. Dieser heilsame Optimismus hat mich bis heute nicht verlassen, im Gegenteil, ich bin jetzt viel sicherer.

Und hier ist die Geschichte von den 3 Engeln in der DDR.

Wer ab und zu durch die DDR fuhr, wußte, daß eine Panne sehr unangenehm und zeitraubend sein konnte. Wir, mit unserem zuverlässigen westlichen Automobil können also ganz unbesorgt sein, dachte ich jedenfalls, und hatte Mitleid mit den am Straßenrand parkenden, überwiegend aus der DDR stammenden, Wagen. Nach einer kurzen Rast tauschten mein Mann und ich die Plätze. Ich fuhr los und es begann sehr verdächtig zu krachen. „Fahr ruhig weiter“, sagte mein Mann, „nicht zu schnell“. Es wurde immer lauter und ich dachte nur: irgendwie kommt Hilfe. Und plötzlich, mitten auf der Straße auf der Höhe einer Tankstelle, stand ein junger DDR-Soldat, winkte und zeigte eindeutig auf oder besser gesagt unter unser Auto.

Blitzschnell hielten wir auf dem Mittelstreifen, der einzigen Möglichkeit, nicht den fließenden Verkehr zu behindern. Mein Mann lief zur Tankstelle herüber und ich wartete im Auto. Kaum saß ich, als ein VOPO-Wagen scharf neben mir hielt. Er kam von der entgegengesetzten Richtung und hatte mich, unerlaubt parkend, auf dem Mittelstreifen entdeckt. Ich stieg aus, erklärte unsere „Notlandung“ und er sagte nur kurz: die Werkstatt liegt auf der anderen Seite, dann verschwand er. Ich konnte gerade noch meinen Mann zurückrufen und ihm zeichengebend die veränderte Lage klarmachen.

Wieder wartete ich im Wagen. Es vergingen keine drei Minuten und ich bemerkte einen blau angezogenen Mann direkt vor meiner Autotür. Ich stieg aus und sah einen Monteur mit einem Werkzeug in der Hand. Er sagte: „ich habe sie von weitem gesehen“ – es waren mindestens 200 Meter – und der schon ältere Mann weiter: „und dachte mir, sie müssen eine Panne haben, sonst würden sie hier nicht halten.“ Inzwischen kehrte mein Mann zurück und beide montierten das krachende Ding vom Auto ab, so daß wir in weniger als 20 Minuten weiterfahren konnten.

Noch eine „Panne“

Ich mußte nach West-Deutschland mit meinem Auto, das zwar fuhr, aber reparaturbedürftig war. Unterwegs kam ich auf eine „falsche“ Strecke und es krachte. Umkehren ging nicht, nur erst einmal weiterfahren, es wurde schnell dunkel, der Regen prasselte und ich wußte überhaupt nicht wo ich war. Nur ungefähr die Richtung ahnte ich. Ich dachte, na ja, fahre ich noch ein Stück und übernachte dann irgendwo in einem Motel. Am nächsten Morgen sah ich wo ich war, bzw. mein Geist mich hingeführt hatte: Genau vor eine VW-Werkstatt, wo man mir – am Sonnabend noch dazu – in kürzester Zeit mein Auto reparierte und das für die Hälfte von dem, was ich in Berlin hätten zahlen sollen.

Soforthilfe durch Gedanken

Eine, meine eigenen Kräfte übersteigende Situation war folgende:

Meine Tochter, damals 15 Jahre alt, beschloß, in ein besetztes Haus zu ziehen und fortan auf alle Demos zu gehen und „etwas gegen die Ungerechtigkeit in der Welt zu tun." Mein Bitten und Abreden davon half nichts, zu der Zeit war es gerade zu heftigen Gewalttaten bei allen Demos gekommen. Ich war machtlos, konnte sie durch nichts überzeugen oder fernhalten. Es ging mir an die Nieren und gleichsam ans Herz, hier mußte schnell etwas geschehen.

Tägliche Rundfunkmeldungen über Hausbesetzer und Räumungen durch die Polizei gehörten zum Tagesablauf. In meiner Not und Unfähigkeit wandte ich mich mit aller Hingabe an meinen Geist, ohne um etwas zu bitten. Nur zu denken, alles wird zu unserem Besten. Ich wurde ruhiger, denn ich wußte, auf meinen Geist, der allwissend ist, kann ich mich verlassen und ich werde nicht enttäuscht. Was passierte also? Am nächsten Morgen, später sollte eine der gewaltigsten Demos am Winterfeldplatz stattfinden, bekam meine Tochter so hohes Fieber, daß sie nicht imstande war, mit den anderen zu gehen. Sie sah sie aber wiederkommen, z.T. verletzt, entmutigt, manche krankenhausreif. Das hat meiner Tochter die Augen geöffnet und sie fragte mich: „Hast mir wohl wieder deine „Power" geschickt?"

Ich bedankte mich schnellstens bei meinen Helfern.

Der homöopathische Blick

Je sensibler wir werden, desto mehr lernen wir wieder, zu „sehen". Ich meine die feinen, mimischen Zeichen eines Gesichtes und die Gesten der Hände. Die Eingeweihten hatten noch die Fähigkeit, einen Menschen zu durchschauen, seine Gesten und Gebärden zu deuten.

Durch unsere moderne Technik wird uns vieles erleichtert, wir brauchen unser „Gegenüber" kaum noch zu fragen, der Körperkontakt entfällt ebenfalls weitgehend. Es steht alles im Computer. Wissen wir wirklich alles? Sind wir selbst geistig erwacht? Wie wollen wir erkennen, was ein Mensch denkt? Es ist nicht das technische und fachliche Wissen allein erforderlich; das Mitfühlen, das Sicheinfühlen, in den Hilfesuchenden, eine angeborene Fähigkeit, die entwickelt werden muß, ist unerläßlich.

Die alles überwindende himmlische Liebe, die wir auch jenen entgegenbringen sollten, die uns auf den ersten Blick nicht gefallen. Gerade sie brauchen unsere Hilfe, denn sie werden auch von anderen meistens nicht sofort geliebt. Betrachtet man die Augen und kleinste mimische Veränderungen, läßt sich bald diese oder jene innere Reaktion erkennen.

Die Chinesen wußten es schon damals: sie beobachteten nur die Pupille eines Menschen, wenn sie wissen wollten, ob Interesse für ein Thema oder einen Gegenstand, meistens Schmuck (Jade usw.), vorhanden war. Schon die leiseste Bewegung oder Verfärbung der Augen galt als Signal zu höchster Aufmerksamkeit, denn das war der Moment, um an den anderen „heran" zu kommen. Bis auf den heutigen Tag hat sich an dieser inneren Reaktion nichts geändert; ob wir allerdings heute noch in der Lage sind, so genau zu beobachten, wozu auch Zeit und Geduld gehören, ist eine andere Frage. Wer aber trotzdem ohne das soeben entwickelte Mimik-Meßsystem feine Einblicke in des Menschen Herz gewinnen möchte, der verbindet sich, in Gedanken, mit dem unendlichen allwissenden Universum, sieht im anderen das Göttliche und Schöne. Aus dieser lichtgefüllten Gedankenarbeit entsteht eine heilende Atmosphäre, hier wird Arbeit zur Meditation.

Das angeborene Denkmuster

Das Gesicht ist sichtbar, so, wie alle äußerlich erkennbaren Eigenschaften, die ein neuer Mensch mit in die Welt bringt. Gesten, Stimme, Augenausdruck, Gestalt und Farbe. Verborgen bleibt zunächst das Innere, das Wesen.

Die Chinesen z.B. haben ihre hochgeborenen Kinder zunächst nach allen Seiten auf Maß und Harmonie, auf Augen, Augenbrauen, Ohren, Mund und Nase untersucht denn sie wußten, daß alles bereits im kleinen enthalten ist. Was sie nicht erblickten, schauten sie im Horoskop, auf das sie größten Wert legten.

Vergleicht man Familienhoroskope mehrerer Generationen, so entdeckt man nicht nur, daß sich dieselben Elemente wiederholen, sondern auch Strukturen, die signifikant für ganz bestimmte Fähigkeiten und Verhaltensformen überliefert sind. Die Astrologie, die schon einmal bei uns in Hochblüte stand, erlebt jetzt eine Renaissance, die nur noch zum Wohle und als echte Lebenshilfe für Menschen angewandt werden sollte.

Je früher wir also wissen, warum sich ein Kind nicht altersgemäß entwickelt, desto schneller sollten wir ein Horoskop von einem erfahrenen Astro-Psychologen anfertigen lassen. Es ist der Planet Merkur, der über Denkweise, Verhalten, Sprache,

Sprechen, Kommunikationsfähigkeit und allgemeine Intelligenz, vielseitige Hinweise gibt. Insbesondere aber werden dem Merkur die motorischen Nerven und das Hörorgan zugeordnet. Je nach astrologischem Zeichen, in dem sich der Merkur bei der Geburt befindet, nimmt er die typische Charakteristik an. Zum Beispiel im Zeichen Krebs, einem weiblichen Wasserzeichen, wird er mehr gefühlsmäßig wahrnehmen, als im männlichen Erdzeichen Steinbock, wo er mehr rational denkt. Und, entscheidet sich nicht vieles im Leben durch die Art und Weise unseres Denkens? Wenn wir damit nicht glücklich werden, können nur wir selbst etwas an unserem „ererbten" Denkmuster ändern. Darin liegt eine wesentliche Chance, die Dinge anders zu sehen und durch eine neue Einstellung auch eine harmonische Atmosphäre zu schaffen. Keine menschliche Entwicklung kann auf Dauer ohne die geistigen Kräfte existieren. Unser Verhalten ändert sich in dem Moment, da wir unsere eigenen göttlichen Wurzeln wiederentdeckt und in unser tägliches Leben integriert haben.

Gedanken zur Arbeit

Der von unseren Vorfahren geerbte Gedanke an die Arbeit weckt noch heute Erinnerungen an mittelalterliche Begriffe wie schwere körperliche Anstrengung, Mühsal, Plage usw.

Martin Luther war einer der ersten, der vom „sittlichen Wert der Arbeit als Beruf des Menschen in der Welt“ gesprochen hat. Der Mensch braucht, um sich zu verwirklichen, eine ihm gemäße Arbeit. Das sogenannte „Nichts-Tun“ hat einen anderen Sinn, nämlich den des Nicht-Forcierens. In dem Moment, wo wir still werden und die innerere Stimme vernehmen, beginnt der Dialog mit dem höhreren Bewußtsein. Die Berufsfrage wird aber nur selten denen überlassen, die auf der Suche nach dem ihnen entsprechenden Element sind, um die dazu passende Tätigkeit zu finden. Die Eltern meinen es gut und stecken uns erst einmal ins Büro... Etwas gelernt zu haben ist nicht verkehrt, sagen sie und danach bieten sich noch bessere Chancen. Die Chinesen bleiben gelassen und denken: wer weiß, wozu es gut ist...

Unsere Zeit vergeht sichtlich schneller, Flexibilität und Anpassung an übernacht hereinbrechende Situationen, werden so trainiert. Der Mauerbau 1961, Tschernobyl 1986. um nur zwei extrem einschneidende Ereignisse zu nennen, haben uns alle geschockt und gleichsam aufgerüttelt. In bezug auf die Arbeit in unserer vielschichtigen und Tausendmöglichkeiten bietenden Gesellschaft, gibt es Anregungen genug, um kein langweiliges Da-Sein ertragen zu müssen. Wer die Arbeitssuche in Verbindung mit seinem vorhersehenden Geist beginnt, wird staunen, wie schnell er die richtige, zu ihm passende Arbeit findet.

Da ich selbständig bin, weiß ich nie, wann und wer heute anruft. Aber mein Geist, auf den ich mich nun schon fast zwanzig Jahre lang verlasse, weiß es, und er schickt mir genau die Menschen, die zu mir passen und umgekehrt. Ich brauche mich darum nicht zu kümmern (von Kummer). Meine gesamte Energie fließt in meine Arbeit, die für mich auch Meditation bedeutet. Und ich sage hier ganz offen: ich danke dem Herrn von morgens bis abends. Mein Leben ist Fülle, die ich gerne weitergebe und die sich, wie ein Wunder, alltäglich erneuert.

Warum es heller wird

Die Lehre von den Entsprechungen ist uns fast verlorengegangen. Wir wundern uns nur über Ereignisse und Veränderungen, von denen wir täglich in den vielfältigen Medien etwas hören. Eine ursächliche Erklärung aber gibt es nur selten, vielleicht dann, wenn unbewußt eine Vermutung ausgesprochen wird.

Das „Wissen“ um die Dinge und Zusammenhänge tragen wir in uns, es ist aber vom jeweiligen Entwicklungs- und Erwachensgrad abhängig, wann wir wirklich wissen und den Durchblick bekommen. Es hat sich auch noch nicht herumgesprochen, in welches Zeitalter wir eintreten; da hört man die absurdesten „Meinungen“. Nicht nur in der Politik, sondern in fast allen Bereichen des öffentlichen Lebens, spricht man von „Konstellationen“. In der Tat: es sind die Konstellationen, die das Geschehen auf unserem kleinen blauen Planeten verändern.

Dazu gehören insbesondere die Aspekte von Neptun, dem geistigen oder göttlichen, und Pluto, dem transformierenden Planeten, die seit ungefähr 1943 in einem harmonischen Anblick (Aspekt) zueinander stehen. Beide Planeten bewegen sich etwa gleich langsam, so daß der Einfluß dieser Schwingungen mehrere Generationen prägt.

Uns braucht also nicht zu wundern, daß es unter diesen Geborenen viele Psychologen, Astrologen, Sozialpädagogen und Workshop-Fachleute gibt. Das Samariter-Syndrom hat viele erfasst, die Bereitschaft z.B. bei Katastrophen international und grenzenüberwindend zu helfen. Die Liebe, auch zu sich selbst, Jesu Worte, werden jetzt Gestalt. Körpertherapien, Workshops, Seminare werden überall angeboten. Wir lernen, mit unserem Körper umzugehen, ihn anzunehmen wie er uns geschenkt wurde, auch das Nichtschöne daran. Unsere Jugend kennt kaum noch das Verklemmtsein, sie ist zunehmend „wassermännisch“ geprägt, das heißt uranischfrei von alten, nicht mehr gültigen Traditionen. Die jungen Mütter und Väter behandeln ihre Babys liebevoller, zärtlicher und bringen ihnen Liebe und Geduld entgegen. Und die Konstellationen der Kinder? Sehr viele Eltern lassen ein Horoskop aufmalen, damit sie nicht so unwissend an die Lebensbegleitung der ersten Jahre herangehen, wie zum Beispiel meine Generation und die davor. Auch später, bei der Berufs-Beratung, kann das Horoskop eine wesentliche, zeitsparende Unterstützung sein.

Der Erstgedanke erfüllt uns

Wie ein Leitstern begleitet uns manchmal Tag und Nacht nur ein Gedanke. Wir überlegen hin und her, rufen Leute an, diskutieren, fragen Tarot und I GING. Und trotzdem: keine Lösung. Wenn es nach menschlichem Ermessen zu keinem Ergebnis kommt, liegt es an der Methode. Wir haben gelernt, mit unseren Problemen alleine fertig zu werden. Es hat uns auch niemand etwas von der unsichtbaren Welt erzählt.

Unser intellektuelles Weltdenken ist sicher phänomenal und trotz aller Perfektion begrenzt. Denn wie genial die unsichtbare Welt hier und dort eingreift, können wir täglich aus Nachrichten und Fernsehen entnehmen. Es kommt auf die Ebene des Betrachtens an. So, wie wir unsichtbare Gedankenbotschaften an jede Adresse senden können, erhalten wir symbolisch, auch im Traum, oft eindeutige Zeichen.

Je weniger wir selbst inszenieren und uns vorstellen, desto leichter fühlen wir uns. Wir haben eine Gedankenlast abgelegt. Hier beginnt das neue Denken: mein höheres Ich, mein allwissender göttlicher Geist in mir, dieser unsterbliche Teil in mir, er kennt mein Leben, noch bevor es war. „Es war dir mein Gebein nicht verborgen, als ich im Verborgenen gemacht wurde, als ich gebildet wurde unten in der Erde. Deine Augen sahen mich, als ich noch nicht bereitet war, und alle Tage waren in dein Buch geschrieben, die noch werden sollten und von denen keiner da war. Aber wie schwer sind für mich, Gott, deine Gedanken! Wie ist ihre Summe so groß!“ Diese bemerkenswerten Sätze stehen im 139. Psalm und ich finde, sie passen jetzt genau in die Zeit und werden, besonders von der jungen Generation, ohne Erklärung verstanden.

Zeitgleich denken

Wir denken heute anders als gestern und morgen anders als heute. Warum? Weil die Zeit der Ruhe, der Stille und der Entwicklung dazwischen liegt. Würden wir heute nur an heute denken, wäre unsere Tagesenergie optimal genutzt und wir könnten mit mehr Aufmerksamkeit und Konzentration die heutigen Aufgaben bewältigen.

Durch die in Gedanken stattfindende Beschäftigung mit Dingen und Ereignissen, programmieren wir nicht nur die vor uns liegende unbekannte Zeit, sondern wir blockieren auch hilfreiche Impulse aus der unsichtbaren Welt. Unsere innere Uhr, die wir auch Horoskop nennen können, läuft keine einzige Sekunde schneller, nur weil wir es wollen. Mit dem Moment der Geburt sind wir aufs engste mit dem Lebensrhythmus der Erde verbunden – im Einklang mit dem Universum –. Die Anpassung an diese neue Welt beginnt mit der Kleidung, in die entsprechend der Jahreszeit, das Baby mehr oder weniger eingewickelt werden muß.

Von Kindern können wir etwas über Zeit lernen. Sie denken nur an den Augenblick, strahlen ungetrübte Lebensfreude aus und sind voller Energie. Würde dieser Zustand so bleiben, hätten wir sicher weniger Probleme. Aber da ist das Zeitbewußtsein, die Schule, die ersten Termine. Wir beginnen, an morgen zu denken, machen uns unnötige Sorgen schon heute und viele Menschenkinder werden daran krank. Vorbilder gibt es wenig; Eltern mit einem wachen Bewußtsein werden es dem Kind erleichtern und daran gewöhnen, daß es gerade darauf ankommt, wie ich heute denke und meine Aufgaben erledige. Dann habe ich schon für den nächsten Tag, ohne mir Sorgen machen zu müssen, einen guten Anfang und wiederhole einfach diese bewährten Regeln.

Indem wir warten lernen und die Wartezeit gut nutzen, reift inzwischen eine Zeit, die günstig ist für Unternehmungen, die, hätten wir forciert, nicht zu unserem besten ausgefallen wäre.

Tröster und heiliger Geist

„Denn welcher Mensch weiß, was im Menschen ist, als allein der Geist des Menschen, der in ihm ist.“ (1.Kor.2,11). Ich kann nicht sagen, was in der nächsten Minute passiert, aber mein Geist weiß es. Wie lerne ich diesen in mir wohnenden Geist kennen? Ich fange an, mit ihm zu reden. Aber nicht nur reden, sondern viel mehr, indem langsam ein Vertrauensverhältnis zwischen ihm und mir wächst. Das braucht Zeit.

Bisher haben wir die Dinge mit unserem Verstand gelöst und, solange nur oberflächliche Bereiche betroffen waren, hat es auch gereicht. Erst, wenn die Ereignisse unter die Haut gehen, wenn sie tiefere Schichten in uns schlagartig treffen, erst dann hat die Erschütterung gewirkt.

Wir sind sprachlos, können keinen Gedanken mehr fassen, sind vielleicht zum erstenmal erinnert, daß unser freier Wille noch eine andere Bedeutung haben könnte. Es steht ja im „Vaterunser“: „Dein Wille geschehe; wie im Himmel, also auch auf Erden.“ Alles nur Lippenbekenntnis? Ich weiß inzwischen, daß der himmlische Wille auch unser Wille sein sollte, damit wir glücklicher und friedlicher auch auf dieser wunderschönen Erde leben können.

Oder? Müssen wir bittere und leidvolle Erfahrungen sammeln, um ein Mensch zu werden? Sicher geht es nicht ohne Leiden, aber einige Umwege hätten wir uns doch ersparen können. Wirklich? Zeitorientierte Anhaltspunkte und karmische Strukturen lassen sich am Horoskop ablesen. Das heißt aber nicht, daß wir uns mit einem uns auferlegten Karma abfinden müssen. Schon durch mehr Geduld, mehr Großzügigkeit und viel mehr Liebe „tilgen“ wir ein Großteil unserer mitgeborenen Schuldenlast.

Die Entscheidung, nach altem harten Muster zu handeln, oder mutig ein neues Verhalten auszuprobieren, liegt bei jedem selbst. Gedanken spielen hierbei wieder die Urrolle, denn vor jedem Entschluß oder ausgesprochenen Wort steht ein Gedanke.

Menschlicher und Göttlicher Geist

Der jedem von uns innewohnende göttliche Geist kennt uns. Er weiß auch – ob wir es wissen oder nicht –, wielange wir brauchen und wieviele „Umwege“ wir benötigen, um endlich doch zu entdekken, daß dieser himmlische Geist von Anfang an, alle Wege mit uns geht.

Da wehren wir uns jahrelang, quälen uns halbtot und finden keine Antwort. Haben denn alle, noch so phantastisch klingenden Trainings-Gruppen nichts genützt? Auch sie sind Werkzeuge, die als Mittel von der geistigen Welt eingesetzt werden, um uns das Gefühl zu geben, daß wir selbst es uns erarbeitet, und auch dafür bezahlt haben. Dann haben wir es verdient, den Lohn der Götter zu empfangen.

Und was machen Arme, Kranke, Gefangene? Sind sie chancenlos? Nein, denn weder Ort, Zeit noch Geld (!) spielen eine Rolle, wenn es darum geht, sich dem Universum anzuschließen, diesem Reich der Fülle, das keine Grenzen kennt. Es schenkt jedem Menschen, was er benötigt, manchmal auch, was er sich wünscht. Die erfüllten Wünsche verschönern oft den Augenblick, sie blenden uns, und „schmuggeln“ heimlich die Erfahrung ein. So werden wir geschult, teils liebevoll, teils streng, überall im Leben wartet die Gelegenheit, der Zufall.

Eines Tages begreifen wir die Absicht, erkennen wir die Zeichen, die uns lange vorher schon geschickt wurden, als unser Geist noch ganz im dunkel ruhte, wer der eigentliche Lenker ist, und immer war. Es ist der ewigwirkende, liebende, wartende göttliche Geist, der ausnahmslos jedem Menschen innewohnt und den wir beim anderen erwecken sollten, wenn wir ihn auf „menschlich-verbaler" Ebene nicht erreichen.

So, wie wir körperlich böse Worte empfinden, so berühren uns auch gute Worte durch ihre Schwingungen. Gut und Böse, beides ist uns mitgegeben. Unsere Freiheit besteht darin, zwischen der einen oder anderen Macht zu wählen; die Entscheidung nimmt uns keiner ab. Die Folgen hängen von der moralischen Sphäre der Menschen untereinander ab. Jetzt, in dieser Minute, indem wir rasch „Gedankenpost" erledigen, fängt bereits ein „neues" Leben an. So wird auch Licht zum Bumerang.

Talente sind verliehene Geistesgaben

Johann Sebastian Bach weinte bitterlich, als er durch sein geistiges Ohr die h-moll Messe hören durfte. Es war unfassbar. Seine Religion, seine Verbindung mit „oben“ muß so unerschütterlich gewesen sein, daß er keinen Moment daran zweifelte. Nur so war es möglich, dieses große Werk durch ihn als Wekzeug des Himmels für die Welt zu materialisieren.

Zu allen Zeiten leben reich begabte Menschen, die sich ihrer Mission, Schönes und Göttliches, Unvergängliches zu schaffen, bewußt sind. Sie bleiben bescheiden, warten nicht auf Anerkennung, lieben das reiche, einfache Leben und haben danken gelernt.

Jedem Menschen sind gewisse Geistesgaben verliehen worden, nur muß er sie entdecken. Der Weg dorthin führt über Meditation, verbunden mit einer nicht belastenden natürlichen Ernährung. Die vernebelnden Schleier unseres geistigen Auges und Ohres lösen sich auf, wir beginnen zu sehen und zu hören. „Plötzlich“ entdeckt jemand, das er malen oder schreiben kann. Es war schon immer in ihm, nur war die Zeit nicht reif für den göttlichen Impuls. Viele müssen erst „leiden“ und Geduldsübungen praktizieren, bevor sie als Werkzeug arbeiten dürfen. Sie erhalten eine regelrechte Ausbildung, die ihnen ihr Leben auferlegt hat. Es sind viele Prüfungen zu bestehen, Hindernisse und Verzögerungen an der Tagesordnung, oft am Rande der Verzweiflung... Durch all diese vorhergesehenen Erschütterungen erwachen wir endlich, werden empfänglich für die um uns wartenden himmmlischen Botschaften. Wir werden zum offenen Gefäß, können aber kaum fassen, was uns gedichtet einfließt, wenn wir unseren Geist mit dem göttlichen Geist in Harmonie verbinden.

Eine mir vertraute Malerin mußte erst 25 Jahre der Schule dienen, bevor sie ihr göttliches Talent zur Freude der Sehnsüchtigen nach Schönheit, mit neuem Bewußtsein weitergeben darf. Trotz aller rationalen Aufgeklärtheit ist das Bedürfnis nach Schönheit und innerer Freude bei den Menschen dringender denn je zuvor. Indem wir angeregt werden, verwandeln wir uns selbst zum Anreger, durch Erkennen unserer Talente, die kostenlos zur Verfügung stehen. Unser „Image" verändert sich, wir selbst merken es kaum, aber andere, die uns gut kennen und nicht täglich sehen. Was hat sich verändert? Unser Geist, der erwacht ist und lebendig aus dem Auge strahlt.

Das einmalige Heute

Manche räumen täglich wunderbar ihre Wohnung auf, nichts liegt herum, alles ist blitzblank. Äußerlich stimmt alles. Wäre der Mensch innerlich ebenso aufgeräumt, würde Harmonie und Frieden auch aus ihm strahlen. Das äußere Leben aber geschieht mehr oder weniger mechanisch. Handgriffe, die wir täglich wiederholen, fast automatisch, oft gedankenlos, wobei wir uns dann noch verletzen, sind die Folge.

Solange wir morgens wie selbstverständlich erwachen und uns dafür bedanken, fangen wir den heutigen, unwiederbringlichen Tag mit der Gewissheit an, alles wird zu unserem besten. Das ist einfach und jeder könnte es, der sich nicht nur äußerlich, sondern auch innerlich von alten Gedankenschlacken reinigte. Dazu gehört Großzügigkeit, Güte und die Kunst des Vergebens.

Das alles allein zu schaffen, ist nicht so leicht. Wichtig ist der eigene Impuls zum Neubeginn. Die geistige Welt nimmt jeden unserer Gedanken auf und kann oft jahrelang warten, sie begleitet uns unerkannt, denn keine Seele soll verloren sein. Ihr ist sogar der Tag bekannt, wann wir uns endlich an sie wenden. Unser Geist weiß alles im voraus und unsere gesamte Vergangenheit. Das innere Gewissen können wir nicht ablegen. Das ist der Tag des

Erwachens, des bewußten Lebens. Jetzt beginnt eine intensive Schulung, die uns nicht mehr erlaubt einzuschlafen.

Die neue Erkenntnis, das wir einen göttlichen Geist in uns haben, der uns Unmündige leitet und behütet auf allen Wegen und in allen Situationen, gibt uns ein bisher nicht gekanntes Glücksgefühl. Wir wissen jetzt, daß wir mit unserem Geist einfach alles besprechen können. Da er sowieso unser Leben kennt, dürfen wir uns lange zeitraubende Erklärungen sogar ersparen. In Notfällen hätten wir auch keine Zeit dazu. Daran muß keiner glauben, er kann alles nachprüfen.

Indem wir uns schon am frühen Morgen mit dem Himmmel, unserem höheren Ich, verbinden, wird dieser Tag mit seinen Terminen und Ungewißheiten, derart verlaufen, daß wir bald von jedem Tag sagen können: es war ein guter Tag.

Wenn Gedanken Räume füllen

Es gibt Menschen mit besonders starker Ausstrahlung. Sie wirken faszinierend auf ihre Umwelt, ohne ein Wort gesagt zu haben. Der Umgang mit diesen Wesen ist immer interessant, aber auch anstrengend, denn sie erwarten Aufmerksamkeit und Zuwendung zu ihrem Thema. Das muß aber nicht auch unser Thema sein. Also wird diskutiert; im Grunde wollen sie ihre Meinung keinesfalls ändern, sondern, indem sie uns zum „Duell“ herausfordern, und wir uns darauf einlassen, verschaffen sie sich ihre lebenswichtige „Nahrung“ bzw. Bestätigung.

Nicht nur Worte, auch Gedanken erzeugen Schwingungen, die oft subtiler wirken, als ein ausgesprochenes Wort. Räume nehmen jede Schwingung auf, atmen eine Atmosphäre, die sensible Menschen spontan empfinden.

Was manche Situation am Arbeitsplatz unerträglich macht, ist nicht die Arbeit, es ist die Atmosphäre. Jeder denkt vor sich hin, grübelt oder martert sein Gehirn. Nur seines? Ganz und gar nicht! Alle Anwesenden leiden mit, nehmen unbewußt die negative (Aus)Strahlung auf. Gibt es eine Lösung? Sicher kein Patentrezept, aber schon Konfuzius hat gesagt, willst du die Welt verändern, verändere den Staat, willst du den Staat verändern, verändere die Familie, willst du die Familie verändern, verändere dich selbst. Wir könnten etwas tun:

indem wir denen gute und wohltuende Gedanken senden, die uns am meisten „ärgern“. Gerade sie sind vielleicht in einer schwierigen Phase ihres Lebens und nur noch fähig, über ein Thema brüten. Die von uns ausgesandten heilenden Gedanken wirken immer. Der Leidende empfängt zumindest einen Impuls, der ihn auf andere Gedanken bringt.

Ja, helfen statt verurteilen, das gibt Energie, denn die dadurch erlebte Freude überträgt sich ebenso. Die Phase des „Ausdiskutierens“ haben wir fast überstanden; denn schneller und besser kommen wir ans Ziel mit gütigen Gedanken. Das könnte auch ein neues Motto sein: Probleme lösen durch Gedanken.

Gedanken und Ausstrahlung

Am Augen-Blick läßt sich vieles ablesen: ob wir traurig, ängstlich, skeptisch, an gestern denkend, oder gelassen ruhig, heiter und „angekommen" denken.

Michail Gorbatschow, nicht nur für mich ein Eingeweihter, sagte, als er 1989 in Deutschland war: „Ich habe in die Augen der Menschen gesehen und darin gelesen." Da sind Worte überflüssig. Schon der Name Gorbatschow löst spontan Begeisterung aus und diese Energie der Worte und Gedanken wirkt potenziert als lebenswichtige „geistige" Nahrung. Es kommt auf die Gedanken an! Briefe dauern viel zu lange, werden nicht gelesen oder mißverstanden. Anders die Gedanken: sie wirken immer, so oder so. Jeder einzelne kann dazu beitragen, indem er Politikern, auch den ungeliebten, gute, lichtvolle Gedanken sendet, die das Gute und Lichtvolle in den Betreffenden erweckt.

Die GRÜNEN, der geistigen Welt längst bekannt, nicht aber dem irdischen Club of Rome seinerzeit, arbeiten bereits intern mit einer meditativen Fraktion. Unzählige „Parteilose" unterstützen sie darin gekanklich. Denn welche Energie ist schneller und durchdringender? Wir können uns mit den Mächtigen von China ebenso verbinden, wie mit unserem Nachbarn, der uns ärgern will. Es kommt darauf an, wie wir reagieren, alttestamentarisch – Auge um Auge, Zahn um Zahn – oder wir machen einen neuen Anfang, durchschauen die Situation und helfen dem anderen, der es noch nicht weiß und daher nicht kann. Auch wir waren doch Brandstifter, Mörder, Halsabschneider, und gab es nicht jemand, der uns Licht und Liebe schickte, damit wir nicht untergingen? Es kostet Überwindung und Zeit, dieses Verhalten in die Tat umzusetzen. Aber schon die kleinsten Rückmeldungen geben uns mehr Lebensfreude und Bestätigung, daß hier der Schlüssel zur Lösung von grundlegenden Problemen liegt.

Hier ist wirklich jeder sein eigener Herr, kann über seine Gedanken selbst entscheiden und dann abwarten, was passiert. Miesmacher und Schwarzseher können uns nichts mehr anhaben, wenn wir auch sie, ganz geheim und nur gedanklich, an die heilenden Kräfte des Lichtes ankoppeln.

Der Heilende und helfende Geist

Menschen, die nur kompliziert zu denken gewöhnt sind, haben noch keine Erfahrung mit der kosmischen Intelligenz. Sie können sich nicht vorstellen, daß es auch einfache Lösungen ihrer Probleme gibt. Nämlich in dem Moment, wo sie sich hingeben und öffnen für den übergeordneten himmlischen Willen.

Unwissenheit ist noch weit verbreitet, obwohl das Wissen über die geistigen Wahrheiten jedem zugänglich ist. Die geistige Welt, in der es keinen Zwang gibt, respektiert unseren „freien“ Willen und wartet solange, bis wir uns selbst in eine Sackgasse hinein „gewollt“ haben. Alle sieben Jahre erneuern sich nicht nur unsere gesamten Zellen, es ist auch eine Chance, durch neues Denken unser Leben sinnvoller und göttlicher zu gestalten.

Mit unendlicher Liebe und Geduld begleiten uns die himmlischen Wesen, sind immer erreichbar, bei Tag und bei Nacht, ohne Vermittler, wenn wir es wollen. Ohne unser Wollen bleiben sie stumm. Willensstarke Menschen (marsbetont), haben es daher besonders schwer, einmal loszulassen, denn sie haben ja bisher alles alleine geschafft. Meinen sie jedenfalls. Denn auch sie leben von der Energie, die es täglich neu und kostenlos gibt. Allein dafür zu danken, ist schon genug, um auch himmlische Hilfe in allen Lebenslagen zu empfangen.

Es wird uns so leicht gemacht, sicher zu leicht, denn „das kann ja jeder“, denken viele. Aus diesem Grund quälen sie sich lieber weiter, laufen hierhin und dorthin und so manche Mauer ein, hilfesuchend bei den Menschen, obwohl die Hilfe in ihnen selbst verborgen ist und sie nur alles ihrem eigenen heiligen Geist überlassen brauchten. Den Heiligen

Geist entdecken wir allmählich in uns selbst, er ist in der Stille hörbar, gibt uns die richtige Antwort auf alle Fragen. Er ist ein Teil Gottes, inkarniert in jedem Menschen, um ihm zu helfen, wenn er nicht mehr weiter weiß. Intuitiv wissen wir um dieses Geheimnis in uns. Was uns hindert, mit unserer eigenen Göttlichkeit uns zu versöhnen, sind „nur" Gedanken. Gewissensbisse als geistige Behinderung? Sich selbst vergeben, sich annehmen, sich lieben... warum lernen wir nicht zuerst an diese Dinge denken?

Was der Mensch alles trennt...

Körper, Seele und Geist sind eine untrennbare Einheit. Nur der unwissende, menschliche Wille trennt nach eigenem Ermessen. Und wie stolz sind wir auf unsere Errungenschaften in allen Lebensbereichen. Die Fähigkeit, Natur-Gesetze zu erforschen, nehmen wir ganz selbstverständlich hin.

Inspiration und Wissenschaft, untrennbare Elemente, wenn sie zusammenwirken, bringen Göttliches hervor. Das Gegenteil passiert, wenn Wissenschaft getrennt vom Leben, kalt und rücksichtslos, nur um der ich-betonten Anerkennung forscht. Zum Wohl der Menschen andere Lebewesen quälen?

Wer macht sich etwas vo? Unsere Zellen registrieren jede Einzelheit, obwohl wir doch Verdrängungskünstler sind. Am meisten verdrängen wir unsere eigenen göttlichen Wurzeln. Vergrängen, aber nicht ausrotten, denn sie warten geduldig, bis wir uns ihrer erinnern. Was blockiert denn unsere Beziehung zu unserem unsterblichen Sein? Es sind gedankliche Lasten, wie Schuldgefühle, nicht gelöste Konflikte, Selbstvorwürfe. Die göttliche Großzügigkeit kennt keine Grenzen, sie kennt aber unsere Schwächen und weiß im voraus, wann wir aufwachen und uns besinnen auf etwas geheimnisvoll Verborgenes. Göttliche Hilfe, die uns kein Mensch geben kann. Diese innere Hilfsorganisation steht jedem zur Verfügung. Wir müssen nichts erklären, nur wissen, daß uns geholfen wird. In jeder, noch so ausweglosen Situation.

Materielle Hilfe ist rasch gegeben und verbraucht; wirklich unabhängig macht erst geistige Hilfe. Der geistige Weg steht jedem offen, und früher oder später können wir uns entscheiden, ob wir ihn gehen wollen oder nicht. Es gibt keinen Zwang in der geistigen Welt, kein Dogma und keine Satzung. Jeder trägt für sein Tun und Handeln selbst Verantwortung. Dafür gibt es das Gewissen, das wir nicht einfach ablegen können.

Die neue Sensibilität macht vieles möglich: Volvo-Chef plädiert für autofreie Städte, Lokale stellen sich auf Nichtraucher ein. Äußerlich und innerlich beginnt der Wandel; durch Freundlichkeit und Hilfsbereitschaft lassen sich strapaziöse Übergangszeiten leichter überbrücken.

Die gefälschte Unterschrift

Frau H., 56 J., Tierkreiszeichen Schütze, ruft mit verzweifelter Stimme an und möchte dringend einen Termin. Das Sonnenzeichen erwähne ich deshalb, weil es für Schütze-Geborene sehr typisch ist, bei Aufregungen nicht nur körperlich, sondern in erster Linie seelisch zu reagieren. Immer, wenn Frau H. anruft, steckt ein Problem dahinter, meistens geht es um die Familie.

Frau H. ist eine sehr zierliche kleine und äußerst ehrliche Frau, die fleißig, ihren Geist anregende Bücher und Schriften liest. Diesmal geht es um Schlaflosigkeit (auch bei Herzschwäche) sowie Hüftschmerzen. An ihrer Stimme merke ich, daß etwas sehr ernstes sie bewegt, sie kann es kaum verbergen. Es ist Freitagnachmittag. Sie erzählt mir, daß ihr geschiedener Mann ihre Unterschrift benutzt hat, um bei der Bank einen Kredit in Höhe von Fünfzigtausend Mark zu bekommen. Jetzt will die Bank von ihr die Raten haben. Sie ist völlig ratlos, hat schon alles versucht, war beim Rechtsanwalt usw., aber nichts konnte die Bank überzeugen, daß die Unterschrift gefälscht ist. Einige ihrer Wertsachen hatte sie schon in Sicherheit gebracht, aus Angst vor Pfändung, denn sie lebte von einem kleinen Gehalt. „Was soll ich nur machen," sagte sie.

Ich beruhigte sie erst einmal und machte ihr klar, daß sie die Wahrheit doch kenne, also völlig unschuldig sei. „Ja, ja, ich weiß es, ich habe nichts unterschrieben". Also, sagte ich, „Sie und Ihr Geist wissen die Wahrheit, und Ihr Geist weiß auch die Lösung. Jetzt kommt es auf Ihr Vertrauen an". Sie wurde ruhiger und die Nadeln taten ihr ebenfalls gut.

Am nächsten Morgen rief sie mich mit leichter Stimme an, um mir zu sagen, daß die Bank ihr mitgeteilt hätte, daß sie von der Forderung Abstand genommen hat.

Inzwischen ist Frau H. sechzig Jahre alt, hat viele „Prüfungen" auf diese Weise gelöst, hat eine passende leichtere Arbeit und wird instinktiv von ihren Kollegen als „kleine Sonne" empfunden.

Unser Geist kennt die Wahrheit

Es gibt ein angeborenes Wissen, das wir aus der Summe der individuellen Inkarnationen mitbringen. Dieses Wissen ist uns zunächst nicht bewußt. Die meisten Menschen nehmen ihr Wissen weder entdeckt, noch entwickelt, wieder mit ins Grab.

Durch Anregung kann uns etwas von diesem großen Schatz in uns bewußt gemacht werden. Und wer regt an? Es können Eltern, Lehrer, Bücher, Erlebnisse – leidvolle wie angenehme – sein. Meister Aïvanhov sagte: „Ich sage euch nichts Neues, ich mache euch nur euer eigenes Wissen bewußt." Wir werden also aufmerksam gemacht. Auch durch Träume erfahren wir etwas, denn während des Schlafes löst sich die Körper- und Gedankenanspannung. Wir sind dann in einer „anderen" Welt. Wir träumen von Menschen, die wir genau kennen, die aber im Traum völlig anders aussehen; wir wissen aber, daß sie es sind. Ein Phänomen? Oder ein Beweis, daß wir diese Menschen schon aus früheren Inkarnationen kennen?

Immer wieder habe ich mir darüber Gedanken gemacht. Wenn die Karmabetrachtung zum täglichen Gedankengut gehört, wird es weniger Diskussionen und Auseinandersetzungen geben, die kostbare Zeit und vor allem Energie rauben.

Unser allwissender, uns zum Teil noch unbekannter Geist kennt alle Wahrheit. Fühlen wir uns ungerecht behandelt, müssen wir uns nicht mehr zur Wehr setzen. Wir überlassen die Lösung unserem heiligen Geist, der in uns wohnt und immer bereit ist, uns zu helfen, wenn wir ihn lassen.

Je mehr wir diesem inneren Wissen vertrauen, desto müheloser und harmonischer wird unser Leben. Und strebt nicht jeder von uns nach dieser himmlischen Harmonie? Die Gewissheit, daß es jederzeit und in jeder noch so banalen Situation einen Helfer gibt, der auf seine geniale Weise Probleme löst, lässt uns wirklich frei sein von Kleingläubigkeit und Mutlosigkeit. Jeder kann das testen im täglichen Leben.

Verborgene Kreativität

Es gibt viele Möglichkeiten, herauszufinden, ob jemand dieses oder jenes Talent oder eine besondere Fähigkeit in sich birgt. Ein erfahrener Lebensberater, der sich auch astrologisch auskennt und eine gute intiutive, einfühlsame Menschenkenntnis besitzt, kann diese Frage leicht beantworten. Die Jugend ist von selbst flexibler, wechselt schneller den Beruf und macht sich weniger Sorgen um die Zukunft. Wir Älteren planten bis zur Rente, ließen uns versklaven und hatten keinen Mut, einfach etwas Neues zu beginnen. Das hat sich geändert. Jetzt spielt es keine Rolle mehr, ob wir vierzig oder fünfzig sind, wir fangen heute noch ein neues Leben an. Leben und Lernen, mit all unseren Erfahrungen, jetzt bewußter und mit Spaß bei der Sache. Denn endlich entdecken wir uns wirklich. Und sei es nur für einen, den jüngsten Tag unseres Lebens; es ist schon der Anfang für ein weiteres Leben, irgendwann.

Glücklich, wer das geistige Erwachen schafft, denn nur das unsterbliche Sein, das zum Bewußtsein wird, ist wert, gelebt zu werden. Die dunkle Zeit ist dann vorbei, wir können sehen und hören, müssen nicht mehr vegetieren.

Wir leben mit immer weniger Ballast: materiell sind wir gesättigt. Neue Bedürfnisse verlangen Anregung und Nahrung. Wo finden wir beides? Wir müssen nicht auf die Suche gehen, es genügt das Denken, der Impuls: wenn es sein soll dann werden wir, unmißverständlich, ein oder mehrere Zeichen erhalten. Nur nicht forcieren, gerade das Warten soll gelernt werden. Die Zeit hilft uns dabei, denn sie vergeht schneller.

Glücklicher- und göttlicherweise haben wir oft gar keine Zeit, einen brennenden Gedanken sofort in die Tat umzusetzen und sind dann umso erstaunter, daß sich „wie von selbst" alles erledigt hat. „Put it out of your mind" (vergiß es), sagen die Inder, denn so kann die geistige Welt diesen oder jenen Impuls, ohne unser Tun, auf ihre wunderbare Weise „bearbeiten".

Gedanken und Partnerschaft

Es ist eher die Regel, mehrere Partnerschaften in einem Leben zu haben, als eine das ganze Leben lang. Das hat viele Gründe. Es ist eine Frage der Entwicklung. Solange sich beide Partner weiterentwickeln und sich gegenseitig dabei helfen, gibt es keine Probleme. Verständigung braucht weder Worte noch Erklärungen. Und was der eine denkt, das spricht der andere aus. Gedankenübertragung? Wir kennen alle dieses Phänomen.

Unsichtbar wirken alle Gedanken, entweder liebevoll, skeptisch oder gleichgültig an das Du gesendet. Die Reaktionen sind spontan, entsprechend der jeweiligen Energie, unmißverständlich. Schon im voraus können wir durch liebevolle wohltuende Gedanken an einen Menschen, dem wir begegnen müssen, um ein Problem aus der Welt zu schaffen, eine harmonische Atmosphäre vorbereiten. Um welche Art von Partnerschaft es sich dabei handelt, privat oder geschäftlich, spielt keine Rolle. Wir schicken einfach eine schnelle Schar von Lichtengeln zu dem betreffenden Menschen und überlassen alles weitere der geistigen Welt.

Bevor wir spontan und impulsiv zum Telefon greifen, können wir eine Minute meditieren, die Lösung unserem höhreren Bewußtsein übergeben und den Hörer wieder hinlegen. Mit verständnisvollen Gedanken an den anderen erreichen wir auf telepathischem Wege die bestmögliche Lösung aller Probleme. Unser niederes Ich hat einen Sprung nach vorn gemacht. Das gute Gefühl, das wir dabei empfinden, schenkt uns doppelt Energie des Lebens. Durch neues Denken und Verhalten wirken wir, ohne Erklärungen, auf unsere unmittelbare Umgebung ein. Durch feinste Tonnuancen unserer Sprache verfügen wir über ein mächtiges Instrument, um eine gespannte Lage zu harmonisieren. Gleichzeitig senden wir allen dunkel Umwölkten in Licht getauchte Gedanken.

Da geschieht das kleine Wunder: der Traurige fühlt sich verstanden, der Aufgebrachte wird besänftigt. Je mehr jeder von uns diese gekanklich-energetischen Aktionen paktiziert, desto schneller schreitet unsere geistige Entwicklung voran.

Die vielen auf uns zukommenden Probleme und die uns dafür zur Verfügung stehende Zeit, sie zu lösen, steht in keinem Verhältnis mehr. Durch diese Tatsache werden wir deutlich darauf aufmerksam gemacht, neue Methoden zumindest auszuprobieren.

Die ungenutzte Energie

Menschen, Tiere und Pflanzen brauchen gleichermaßen Liebe und gute, wohltuende Worte. Materielle Nahrung allein reicht auf die Dauer nicht aus. Und dafür gibt es eine einfache Erklärung: nicht nur die Erde, als körperliches Symbol, hat uns ihre Kräfte und das Sichtbare verliehen, ebenso wirken Sonne und Mond als geistige und seelische Energien in uns und allem, was lebt.

Das erdhafte Materielle haben wir inzwischen hochentwickelt, wir sind soweit, daß wir den Neptun fotografieren können. Auch der seelische Bereich wurde weitgehend wissenschaftlich erforscht, mehr als ein Jahrhundert lang. Wir wissen also daß wir eine Seele haben, die, wenn sie keine Nahrung erhält, nicht nur ihrerseits verkümmert, sondern ihr Zustand allmählich auf unsere Organe übergreift und uns schwächt und krank macht.

Aber wie steht es mit der geistigen Energie? Diese schöpferische, sonnige Kraft ist ebenso inkarniert wie Erd- und Mondkräfte. Lassen wir sie aus Unwissenheit unbeachtet, wird sie sich eines Tages bemerkbar machen. Und wie? Indem wir in Situationen geführt werden, die wir mit herkömmlichen „Mitteln" und unserer Intelligenz nicht mehr lösen können.

Jemand wird beschuldigt, in früheren Jahren seines Lebens etwas getan zu haben, was ihn heute noch belastet. Er muß aber damit leben. Druck und Verfolgung lassen nicht mehr nach und das Problem geht „unter die Haut", d.h. dieser Mensch ist schutzlos seinen Angreifern ausgeliefert. Ist er wirklich schutzlos, oder nur unwissend? Es spielt gar keine Rolle, um welches spezifische Problem es sich bei dem einen oder anderen handelt, die Methode ist immer die gleiche. Hier signalisiert der uns eingeborene allwissende Geist, daß es ihn gibt und wir ihn benutzen müssen. Aber wie? Indem wir alle quälenden Gedanken loslassen, wie im Schlaf, und uns mit unserer inneren Stimme unterhalten. Erklärungen sind nicht nötig, denn jede Einzelheit unserer ausweglosen Situation ist bekannt.

Auch das ist Mut: bedingungslos seinem inneren Wegweiser zu vertrauen – ohne die geringste irdische Perspektive. – Dieses Wagnis lohnt sich, denn die geistigen Kräfte enttäuschen uns nie.

Von den zwei Zeugen

Nicht jeder Gedanke wird in die Tat umgesetzt. Unser Wille, der innere Antreiber, würde es sicher oft wollen. Aber glücklicherweise haben wir nicht immer gleich Zeit, den empfangenen Impuls zu verwirklichen. Eine Weile später erkennen wir, daß es gut war, nichts forciert zu haben. Oft haben sich die Dinge von alleine erledigt, oder sind auf unvorhersehbare Weise gelöst worden. Mit anderen Worten, es ist gut, auf den zweiten „Zeugen" zu warten und ihm zu vertrauen.

Der Erstgedanke möchte uns zunächst anregen oder auch nur herausfordern, uns auf etwas aufmerksam machen, wie wir mit einer eingegebenen Idee umgehen. Ein für uns ausgesuchter Test aus der geistigen Welt. Das berühmte „to inhibit", das Innehalten, gilt auch hier. Erst mal abwarten, und wenn es sein soll, sind wir bereit. Der zweite Impuls kommt sicher und deutlich auf uns zu, als Bestätigung der jeweils vorher erhaltenen Idee.

Diese einfache Denkmethode fördert die innere Ruhe und gibt uns heitere Gelassenheit. Wir sind mit all unseren Gedanken beim „Heute“, brauchen uns nicht um morgen zu sorgen oder um Pläne, die nur unseren Vorstellungen entsprechen. Die dadurch gewonnene Energie kann hier und heute, jezt, in diesem lebendigen Augenblick, mit konzentriert-kreativer Kraft, nutzbar gemacht werden.

Eine Zeitlang schrieb ich regelmäßig einen astrologischen Beitrag für unser Berufsblättchen. Plötzlich kam keine Anfrage mehr. Bis es mir auffiel, dauerte eine Weile, und erst als die nächste Nummer erschien, ohne meinen Beitrag, dachte ich, na, vielleicht sollte ich da mal anrufen. Gedacht, aber nicht getan. Stattdessen kam ich zu dem Schluß: wenn es sein soll, wird man mich wieder anrufen. Einen Tag später rief mich unsere Redakteurin an und meinte, die Kollegen hätten den Astro-Artikel vermißt, ob ich nicht für die nächste Nummer wieder einen schreiben möchte. Je mehr ich das kosmische Denken, auch mit den Zeugen, anwende, umso öfter erhalte ich die wunderbare Rückwirkung.

Das neue „Du“

Jedes Zeitalter hat einen Namen und seine individuelle Charakteristik. Diese gilt für alle Lebensbereiche, die ebenfalls unter kosmischem Einfluß stehen. Wir erleben die gewaltige Übergangszeit zwischen zwei sehr unterschiedlichen Äonen (Zeitaltern von jeweils ca. 2.160 Jahren). Daß die Zeit in der wir leben, eine wesentliche Rolle bei diesen Umwälzungen spielt, wird uns allmählich bewußt.

Drei Bereiche des menschlichen Daseins sind unabhängig von Zeit und Zeitalter, immer aktuell geblieben: Liebe, Arbeit und Gesundheit. Die neue Du-Beziehung, ob persönlich, geschäftlich oder flüchtig, steht unter anderen Vorzeichen. Im Neuen Wassermann-Zeitalter beeinflußt nicht mehr das Zeichen Jungfrau das Du- und Partnerfeld, sondern das Zeichen Löwe, (dem Wassermann-Zeichen, oder Ich-Feld, gegenüber). Löwe ist ein Sonnenzeichen, eher beherrschend, weniger partnerfähig. Herbert A. Löhlein z.B. oder Fritz Riemann, haben für jeden an Astrologie und Psychologie Interessierten hervorragende Beschreibungen des individuellen Sonnenzeichens veröffentlicht, die unser Einfühlungsvermögen in andere erleichtert.

Ob wir uns zu einem Menschen hingezogen fühlen, spüren wir intuitiv. Ein unverbindlicher Gedankenaustausch kann geistige Nahrung sein.

Unsere Gedankenwelt ist vielschichtig und manche Seiten liegen brach. Wir sind nicht ausgefüllt und empfinden dies als Leere. Kann ein Partner diesen Mangel beseitigen, indem wir nichts tun und warten, daß jemand für uns denkt? Wann wissen wir, ob uns ein Gedanke fasziniert? Indem wir körperlich begreifen und das gewisse Glücksgefühl die Müdigkeit vertreibt. Wir sind hellwach und angeregt. Bis zum nächsten Mal?

Die Einzelgängermentalität, moderne Singles, haben längst erkannt, daß sie wieder aufeinander zugehen müssen, um nicht zu verkümmern. Das AlleinSein ist eine gute Schule, um aus der Distanz zu erkennen, was eine Partnerschaft unter günstigen Aspekten bedeuten kann. Wer im anderen das Göttliche sieht und es gedanklich wachsen läßt, erfährt viel Gutes in sich selbst, erlebt vielleicht zum erstenmal in seinem Leben wirklich Glück.

Übertragen wir diese Methode auf unsere Arbeitswelt, sogar auf unbekannte Partner, denen wir noch begegnen müssen, erleben wir die gleichen Wunder.

Glück, eine Frage der Einstellung

Bis auf den heutigen Tag werden Glückssymbole wie kleine Schweinchen, vierblättrige Kleeblätter oder Glückspfennige zu allen nur denkbaren Festen verschenkt. Auch wenn wir etwas erreicht haben, uns viel kaufen können, sind wir glücklich. Aber wie lange? Dieses kaufbare oder beinahe routinemäßig geschaffene Glück erschöpft sich bald und es entsteht eine neue Leere.

Jupiter, Symbol für Glück, Reichtum, Wohlergehen und Gesundheit, besonders aber für Großzügigkeit und Güte, sagt uns mehr darüber im individuellen Horoskop. Ob und wie wir zuerst an andere denken, sie glücklich machen und bereit sind ihnen das Leben zu erleichtern und Durststrecken überwinden helfen. Es gibt ein kosmisches Gesetz, entsprechend auch ein Sprichwort, das jeder kennt: „Freude, die wir anderen schenken, kehrt ins eigene Herz zurück".

Erst, wenn wir dieses warme Glücksgefühl im Herzen spüren, erst dann können wir vom wahren Glücklichsein sprechen. Dieses kleine Wunder im Herzen wird unsere ewige Glücksquelle sein, in guten wie in bösen Tagen.

Fünfzig Jahre nach Kriegsbeginn haben wir alles verloren und wieder angeschafft. Eigentlich könnten wir glücklich sein. Was würden Außerplanetarische wohl denken beim Anblick der Erdbewohner? Wir Germanen z.B., nehmen alles besonders schwer, wälzen gern Probleme und tragen Leid mit uns herum. „Werfet die Sorgen vor den Herrn“, steht im Neuen Testament, fast befehlerisch, und was machen wir? Komplizierte Transaktionsanalysen und dergleichen, denn wer geht schon den ganz leichten Weg? Ohne Vermittler und ohne Zeitverlust dürfen wir alle Sorgen und Probleme unserem eigenen höheren Wissen übergeben, mit allem wenn und aber. Daß uns, wider allen Erwartungen, in jedem Falle geholfen wird, beweisen unzählige Erlebnisse von Freunden, Bekannten und Patienten, wovon ich nur einige „unglaubliche“ aufgeschrieben habe.

Mir selbst wird, seit ich mich mit dem neuen Denken über das Wissen um den heiligen Geist befasse, allmählich klar, daß es nur auf unsere Einstellung und die daraus wachsenden Gedanken ankommt, um aus der Fülle zu leben.

Das Himmelreich ist nicht arm

Sparsamkeit ist eine menschliche Erfindung. Der Gedanke entsteht aus dem Zweifel daran, ob wir morgen genug zum Leben haben. Wer sich mit dem Himmel verbindet und ihm die Sorge um das tägliche Brot überläßt, der hat für das Heute und alles Kommende ausreichend getan. Falsch verstanden heißt das: die Hände in den Schoß legen und warten, das „der liebe Gott“ nun alles macht. Im Gegenteil, wir haben immer genug heute zu tun und jeder kann sich Arbeit beschaffen. Denn Arbeit gibt es immer.

Indem wir uns vertrauensvoll an unseren Geist, an unser höheres Ich wenden, übergeben wir das tägliche Problem unserem vorhersehenden Bewußtsein.

Das Zuerststreben nach dem Himmelreich ist der Schlüssel zu allem, was wir sonst noch brauchen. Es wird dafür nichts verlangt, nur ein Wort des Dankes. „Wer Dank opfert, der preiset mich, und da ist der Weg, daß ich ihm zeige das Heil Gottes.“ Psalm 50,23. Der Himmel ist Symbol für Licht, Liebe, Unendlichkeit, Großzügigkeit, Phantasie und Göttliches. Und: es gibt keine Begrenzung in irgendeiner Richtung, weder gedanklich noch zeitlich.

Allein der nächtliche Sternenhimmel fasziniert uns mit seiner Fülle. Wer denkt, ich bin arm, der wird es auch sein. Alles, was wir ändern sollten, sind unsere kleinlichen, uns begrenzenden Gedanken. Man muß ein wenig üben, aber je öfter wir uns ertappen, wieder kleingeistig gedacht oder gehandelt zu haben, desto schneller können wir an diesem uralten, ererbten Gedankenmuster etwas ändern. Ja, indem wir selbst zur Sonne werden, die jeder liebt; in Sekundenschnelle identifizieren wir uns mit ihr und gleichzeitig strahlen wir sonnig und sind magnetisch.

Gehen wir in einen Laden, wo nichts los ist, und bringen Sonnenenergie hinein, kommt bestimmt gleich ein anderer und noch jemand. Denn unsichtbar wirkt der Magnet, das Licht auf alle, die vorbeigehen und sich angezogen fühlen. Das klingt wie ein Märchen und ist doch wahr. Jeder, der ein Geschäftchen hat, oder selbständig ist, braucht Menschen, die von ihm etwas wollen. Wer seine Räume mit Meditation und Urvertrauen atmosphärisch auflädt, zieht magnetisch alle an, die zu ihm passen und bekommt sogar noch Energie zurück. Das Gebenlernen ohne dafür etwas haben zu wollen, „ungerecht" Kirschen abwiegen – ein paar mehr drauflegen –, das ist göttlich, das ist lebendig und potenziert sich.

Im Kosmos gibt es keine Leere

Auf dieses relativ unbekannte kosmische Gesetz macht Paulus die Philipper in einem seiner Briefe aufmerksam, als er sich für duftende Öle, die er von ihnen geschenkt bekommen hatte, bedankt. Er sagt: „Nicht, daß ich das Geschenk suche; sondern ich suche die Frucht, damit sie euch reichlich zugerech-

net werde. Denn ich habe alles und habe überflüssig. ... Mein Gott aber wird ausfüllen all euren Mangel nach seinem Reichtum in der Herrlichkeit in Christus Jesus." Unsere Einstellung zum Schenken muß also nicht ängstlich sein, denn schenken und geben löst Freude aus, die wir doppelt empfinden. Gute Gefühle strömen in uns ein, sie füllen uns aus. Je öfter wir schenken, desto mehr.

Alles was wir hingeben in Liebe und Freundlichkeit, löst über die himmlische Brücke entsprechend himmlisches aus. Denn die geistige Welt arbeitet Tag und Nacht, ist immer wach und handelt spontan. Sie schickt dann „zufällig" etwas ins Haus, das wir gar nicht erwartet haben. Das aber sind die unsichtbaren Boten des Himmels, die wir nicht gleich erkannt hatten.

Mit Gedanken ist es ebenso: je mehr gute Gedanken wir aussenden, möglichst auch an jene, die uns gerade geärgert oder verletzt haben, desto schneller löst sich das Problem auf sanfte Weise und ist wieder „aus der Welt".

Wenn wir unsere inneren leeren Räume mit der kostenlosen universellen Energie aufladen, wird das Resultat nicht auf sich warten lassen. Dann leben und atmen wir in Fülle, unser Magnetismus wird stärker und wir inspirieren unsere Umwelt. Das Leben muß Freude machen, denn es ist ein kostbares göttliches Geschenk. Wir haben sogar die Chance, von Tag zu Tag göttlicher zu werden.

Der 9. November 1989

„Wenn der Herr die Gefangenen Zions erlösen wird, so werden wir sein wie die Träumenden". Und: „Siehe, wie fein und lieblich ist's, wenn Brüder einträchtig beieinander wohnen".

Diesmal werden die Gefangenen Deutschlands erlöst, am 9. November 1989 um 18 Uhr 57 Minuten. Immer, wenn sogenannte Wunder geschehen, sind die Menschen sprachlos, weil sie es nicht fassen können. Außergewöhnliche Ereignisse sind weder übernatürlich noch widernatürlich, sie gehorchen lediglich anderen Gesetzen: denen des Geistes.

Michail Gorbatschow ist ein reines Werkzeug dieses neuen Geistes. Er hat den schweren Stein von unseren Herzen genommen. Ohne Gewalt und ohne Strenge. In der DDR wird es hell. Tägliche Demos mit Kerzen, Lichtsymbolen, finden auf allen Straßen statt. „Gorbi"-Rufe überall, Andachten unter freiem Himmel, mutige Menschen begeistern auch uns. Freitagnacht öffnet sich das Brandenburger Tor, das Tor zum Westen. Das, was die Menschen „von drüben" mitbringen, können auch wir hier nicht kaufen; Bescheidenheit, Geduld, Freundlichkeit und Dankbarkeit. Ein wahrhaft großer Schatz, der durch keine Währung aufzuwiegen ist. Diese Chance der Stunde heißt für uns: seid großzügig, schenkt, gebt mit vollen Händen, helft wo immer sich eine Gelegenheit dazu bietet.

Jörg, ein Cafébesitzer auf dem Kurfürstendamm, stellte, wie viele andere Geschäftsleute, spontan ein Schild auf: „Tasse Kaffee fünfzig Pfennig Ost oder West". Er fühlte sich noch nie so glücklich, meinte er und hätte diese Freude beim arbeiten gehabt." Diese Friedlichen vom anderen Teil der Stadt machen uns glücklich. Eine ungeahnt hohe Schwingung, ein Element der Wiederbelebung für unsere Stadt, konnte jeder spüren, der sich auf den Weg gemacht hatte. Ein Gedanke erfüllt uns alle. Ein Sieg des Geistes.

Michail Gorbatschow gibt das Beispiel

„Angst müssen nur diejenigen haben, die nicht auf das Leben reagieren". Wer wirklich lebt, der ist flexibel und reagiert auf die Zeichen der Zeit. Am 7. Oktober 1989, dem 40. Jahrestag der Gründung der DDR, als noch dicke Panzer vor der Ehrentribüne in Ost-Berlin vorbeidonnerten, hat kaum einer erwartet, daß Gorbatschow diese einfachen und weisen Worte sagen würde.

Er lobte die DDR und ihre begabten Bürger in höchsten Tönen, wer hatte das erwartet. Die Menschen haben sofort verstanden. Seine, aus dem Herzen kommenden Worte haben etwas angeregt und in Bewegung gebracht. Nämlich den Mut zur Wahrheit, endlich das sagen zu dürfen, was ihnen am Herzen liegt, ohne Angst haben zu müssen. Innerhalb der nächsten vier Wochen gibt es stündlich neue Meldungen aus diesem „verschlafenen Land“, wie es die Bürger der DDR selber nennen.

Den ersten Impuls gibt die „Grüne Grenze“ von Ungarn nach Österreich. Ohne Ausweis oder Kontrolle öffnet sich ein schlichtes Holztor und Tausende strömen, zunächst nicht wissend wohin, herein nach Österreich, wo ein sommerliches Fest zum Feiern einlädt. Träumten sie nur? Weinend und lachend fallen sie sich in die Arme, überwiegend junge Menschen mit kleinen Kindern. Die Nachrichten überschlagen sich, viele nutzen die bisher einmalige Chance, rüber in den Westen zu gelangen.

Es gibt auch Zurückgebliebene. Sie demonstrieren friedlich, mit brennenden Kerzen und ohne Gewalt. Die erste Demo wird noch von den Hütern der Ordnung auseinandergetrieben. Eine Woche später sind es Hunderttausende mit Kerzen, die auf Straßen und in Kirchen demonstrieren, ohne Gewalt. Mit Hoffnung und Mut ausgerüstet. Die Kirche wird zum Forum des Wortes für jedermann. Hier schöpfen die Menschen Kraft und Gottvertrauen. Für uns im Westen ist die DDR mit ihrer rasanten Entwicklung zum spannendsten Thema geworden. Aber, wir sind nicht nur Zuschauer geblieben. Wir haben teilgenommen am Schicksal vieler Menschen. Unzählige Freundschaften sind durch flüchtige Begegnungen auf den Straßen entstanden. Fängt hier das neue Leben an?

Der Anfang ist gemacht und das gemeinsame Deutschland kann jetzt beweisen, daß sich unter seiner harten Schale ein echtes Herz verbirgt. Das könnte der Beginn einer Prophezeiung aus der Offenbarung Johannes sein, wo es heißt: „Siehe! Das Zelt Gottes ist bei den Menschen, und er wird bei ihnen weilen, und sie werden seine Völker sein. Und Gott selbst wird bei ihnen sein. Und er wird jede Träne von ihren Augen abwischen, und der Tod wird nicht mehr sein, noch wird Trauer, noch Geschrei, noch Schmerz mehr sein. Die früheren Dinge sind vergangen." Und ein paar Zeilen weiter lesen wir: „Siehe! Ich mache alle Dinge neu." Die ewige Quelle, aus der wir alles kostenfrei erhalten, steht jedem Menschen jederzeit zur Verfügung. Worauf warten wir noch?

Was nicht in den Tageszeitungen steht

Kaum jemand möchte auf die tägliche „Zeitungs-Nahrung“ verzichten, und wer mit öffentlichen Verkehrsmitteln fährt, und „sein“ Blättchen vergessen hat, der versucht, wenigstens die Schlagzeilen zu lesen, die ihm von allen Seiten entgegenblikken. Es ginge auch gar nicht anders, es sei denn, wir verschließen unsere Augen und lassen alles an uns vorüberziehen. Bei der augenblicklichen Informationsflut wird es täglich schwieriger, sich nicht von zuviel Ballast und Unwesentlichem ablenken zu lassen.

Meditierende, das heißt Menschen, die ihr Leben auch geistigen Werten zuwenden, lesen auch Zeitung, aber mit einem anderen Blick. Sie regen sich weniger über Dinge auf, die sowieso aus geistig-kosmischer Sicht nicht von langer Dauer sind. Sie schreiben daher auch keine Leserbriefe, denn schon morgen sieht alles anders aus. Beispiele haben wir zur Zeit genug.

Meditieren heißt nicht, den ganzen Tag sitzen und nichts tun, im Gegenteil: ruhig arbeiten, sich in seiner Mitte fühlend, eben meditativ sein. Es ist ein wirklich erhebendes Gefühl, körperlich fühlbar, eine lebenswichtige Energie in sich zu wissen. Unbewußt sucht jeder Mensch nach dieser Lebensenergie, nach der täglichen geistigen Nahrung. Nur ab und zu lesen wir von guten und beglückenden Nachrichten, die unsere Seele erfreuen und stärken. Die aber dennoch verbleibende Leere will ebenfalls ausgefüllt sein. Und wir suchen instinktiv nach diesem „Erfülltsein".

In einer Stadt wie Berlin, muß man nicht lange suchen, sofern ein Impuls da ist. Hier erleben wir dichter und schneller etwas von diesem neuen Geist, dem neuen Denken, angeregt von Meister Gorbatschow. Der große indische Yogi, Maharishi Mahesh Yogi hat ihn im Januar 1990 so genannt. Er, Gorbatschow, hat es bewirkt, daß sich in der Sowjetunion unzählige Menschen treffen, miteinander beten und dadurch die Energie der Erde mit einer neuen lichtvollen Schwingung aufladen.

Ein Gedanke wirkt sofort, kommt er telepathisch an; sogar bei Zeitungen, denn nicht selten entdecken wir etwas im voraus Gedachtes, am nächsten Morgen in der Frühausgabe.

Schuldgedanken

„Ich finde keine Schuld an ihm", sagte Pilatus von Jesus, den die Juden ihm ausgeliefert hatten, weil er nach ihrer Meinung ein „Missetäter" war. Pilatus unterhielt sich mit Jesus, ohne zu wissen, wer dieser eigentlich war. Jesus mußte aber dennoch auf Pilatus einen tiefen Eindruck gemacht haben, denn er ging wieder hinaus mit dem Gegeißelten und in Purpur Gehüllten und sagte: „Seht! Der Mensch!“ Die Oberpriester und Beamten schrien aber: „An den Pfahl mit ihm.“

Diese Erkenntnis hatte ihm Jesus durch seine Ausstrahlung und Gedankenkraft intuitiv übermittelt und er konnte gar nicht anders, als mutig vor aller Öffentlichkeit dessen Unschuld zu erklären.

Gedanken an Schuld verändern unsere Ausstrahlung und unseren Gemütszustand und ehe wir es selber bewußt merken, befinden wir uns in einer depressiven Stimmung, die auf unsere Umgebung wirkt. Daran hat sich im Laufe der Zeiten nichts geändert, oder doch?

Wo liegt also die Ursache dieser Schuldgedanken- und gefühle? In uns selbst, tief verborgen und begraben. Irgendwann nicht nur in diesem Leben, sondern in mehreren früheren Inkarnationen, haben wir ähnlich gehandelt, wie damals das Volk (volc bedeutet auch Leute, Volk, Kriegsschar, Fußvolk). Kurz gesagt: in der Menge herrscht eine andere Mentalität und Meinung, als beim einzelnen Menschen, mit dem wir uns ganz persönlich unterhalten.

Spontan und oberflächlich neigen wir dazu, und sei es nur in Gedanken, ein rasches Urteil über jemanden oder eine Geschichte zu fällen. Es sind überwiegend unsere Jugendlichen, die spirituell vorprogrammiert, mit „gesundem Menschenverstand“ reagieren. Sie sind uns Vorbild für Einfachheit und Toleranz. Diese neue Generation, herabgestiegene Kräfte des Lichtes, wird das neue, das Goldene Zeitalter einläuten. Und wir Älteren? Sind wir deshalb arbeitslos? Keineswegs. Mit guten Gedanken, sprich Gebeten, helfen wir ihnen unsichtbar, das Gute zu verwirklichen. Wenn einer mit dem anderen fühlt, nicht leidet, wird endlich diese Welt geheilt.

Gedanken über Tod und Leben

Das Leben beginnt nicht mit der Geburt und endet nicht mit dem Tode. Sterblich und vergänglich ist allein der materielle Leib. Dieser äußerlich sichtbare Körper steht oft in krassem Gegensatz zur inneren, zunächst verborgenen, Wesenheit.

Die evolutionären Entwicklungsstufen der einzelnen Individuen sind unterschiedlich. Wir finden alle Bereiche. Da gibt es die verführerischen Lockvögel auf der einen, und die sanften Täubchen auf der anderen Seite. Oder, die Partylöwen, Schlaufüchse und die grauen Mäuse. Fast das gesamte Tierreich ist noch vertreten. Daneben finden wir Menschgewordene und Engel. Die Übergänge sind fließend. Der raufende Jüngling wird im nächsten Moment zum rettenden Engel, indem er einer Omi über die Straße hilft. Es ist alles in uns, Tier, Mensch und Engel, und es kommt auf die Impulse und entsprechenden Reaktionen an, wie wir reagieren.

In einer einzigen Inkarnation kann ein Mensch nicht alles lernen. Unser unsterbliches göttliches Ich, muß solange wiedergeboren werden, bis es auf der Erdenschule nichts mehr zu lernen gibt. Eigentlich logisch, und doch umstritten. Die Jugend von heute hat in dieser Frage weniger Probleme. Das Wort „Inkarnation“ gehört längst zum alltäglichen Sprachgebrauch.

Daß wir „wildfremden“ Menschen begegnen, und sie uns sofort vertraut sind, als würden wir sie ewig kennen, ist keine Seltenheit. Besonders glückliche Zeitereignisse werden mit einer Sternstunde verglichen. Die letzte Stunde eines Körpers, der hinübergeht in eine andere Welt, ist Abschiednehmen und Erlösung. Gestorben, erstarrt, ist nur der Leib. Der lebendige Geist bleibt unsterblich, kann uns jederzeit erreichen, und wir ihn. Kommunizieren wir nicht schon längst im Geiste auch mit denen, die nicht mehr an“wesend“ sind?

Das Fernfühlen, das Wahrnehmen der seelischen Vorgänge eines anderen Menschen, ohne Vermittlung der Sinnesorgane, nennt man Telepathie (lt. Duden). Mehr als nur ein Trost ist die Tatsache, daß wir gedanklich in der Lage sind, uns mit allen Wesen, sogar mit der entferntesten Galaxie des unendlichen Universums, zu verbinden, ihnen Licht und Liebe zuzusenden und zu danken für die unsichtbare, aber spürbare Fülle, die von dort herüberströmt.

Die Eingeweihten empfehlen daher, den Heimgegangenen liebevolle Gedanken zu senden, die um vielfaches verstärkt ankommen, ebenso auch die unguten Gedanken, die besonders wehtun. Wenn Gedanken wehtun, tun es Worte erst recht. Es muß also eine Seite in uns verletzbar sein, die auf Wort- und Gedankenschwingung reagiert. Bevor wir genau wissen, um welche Seite es sich dabei handelt, können wir einige Auraschutzübungen machen, die uns vor Angriffen, auch gedanklichen, den Tag über bewahren. Jeder mag seine eigene Methode haben, die Hauptsache ist, zu wissen, daß es diese Hilfe gibt, und sie für jeden von uns zur Verfügung steht. Die geistige Welt drängt sich niemanden auf, sie wartet geduldig, bis wir uns eines Tages freiwillig an sie wenden.

Gott ist Liebe

Eine himmlische Gleichung? Setzen wir für das Wort „Gott“ das Wort „Liebe“, erscheint gedanklich blitzschnell eine andere Vorstellung. Inkarniert wurde die himmlische Liebe in Jesus von Nazareth, damals, vor zweitausend Jahren. Ein Licht in der Finsternis. Beginnt hier der Neue Himmel? Mit dem Neuen Himmel verändert sich auch die Erde.

Unser Denken und Verhalten hat sich, besonders in den letzten zehn Jahren im Zeitverhältnis zu früher, rasant verändert. Die Finsternis ist alarmiert. Solange wir uns gegenseitig noch die Köpfe eingeschlagen haben, schlief tief und fest die finstere Welt, ohne die Gefahr zu wittern.

Wir schreiben das Jahr Neunzehnhundertneunundachtzig, noch 11 Jahre bis zum Beginn des dritten Jahrtausends. Das Licht von damals ist nicht mehr allein, es hat gewirkt bis heute. Jetzt wehrt sich die finstere Welt mit allen Mitteln, sie reißt sich jede Maske ab, zeigt ihr wahres Gesicht, unverblümt. Aber die Liebe in all ihren Variationen, über das freundliche Wort bis zur völkerverbindenden Hilfsbereitschaft bei Katastrophen, ist nicht mehr aufzuhalten.

Die himmlische Liebe löst alle Probleme. Vor jedem Wort steht ein Gedanke und vor jedem Gedanken die geistige Energie des Menschen. Hier liegt die Wurzel der Evolution. Diesen wirklich epochemachenden Schritt kann jeder selbst tun. Es genügt ein Sekündchen der Besinnung. In uns ist die Liebe ebenso inkarniert wie in Jesus, nur müssen wir sie erst entdecken.

Einige Buchtips

Omraam Mikhaël Aïvanhov „Das geistige Erwachen“, Fréjus 1979
Omraam Mikhaël Aïvanhov „Surya-Yoga“, Fréjus 1978
Omraam Mikhaël Aïvanhov „Auf dem Weg zur Sonnenkultur“, Fréjus 1986
Eva Bell-Werber „In seiner Gegenwart“, Baden-Baden 1985
Joseph S. Benner „Das unpersönliche Leben“, Baden-Baden
Piro-o-Murshid Hazrat Inayat Khan „Musik und kosmische Harmonie“, Heilbronn 1987
Hans Künkel "Das große Jahr“, Jena 1922
Stephan Pálos „Chinesische Heilkunst“, Bern 1984
Fritz Riemann „Lebenshilfe Astrologie“, München 1976
Alfons Rosenberg „Durchbruch zur Zukunft“, Bietigheim 1971
Georg Trevelyan „Eine Vision des Wassermannzeitalters“, München 1980
Das Neue Testament

Im gleichen Verlag bereits erschienen:

Ingrid Heinen-Greubel „Wesen und Anwendung duftender Essenzen", 2.Aufl., Berlin 1988
ISBN 3-9802562-0-0

dazu erhältlich: DUFTENDE ESSENZEN „SUNAROM", Allein-Import

Poster und Postkarten: meditative und astrologische Motive

Verlag und Auslieferung: Buch & Kunstverlag Heinen-Greubel
Fritschesstrasse 27, 1000 Berlin 10,
Tel.: 030-341 4141